4	VORWORT		
6	ROCKFORMEN		

8	**BLEISTIFTROCK** MIT FUTTER	64	**BASICROCK** ZUM REINSCHLÜPFEN
14	**GERADER ROCK** MIT TEILUNGSNÄHTEN	70	**LEICHTER ROCK** MIT VIEL SCHWUNG
20	**5-POCKET-MODELL** MIT TYPISCHER STEPPUNG	76	**LÄSSIGER ROCK** MIT EINGRIFFTASCHEN
28	**SPORTLICHES MODELL** AUS TENCEL	82	**SOMMERROCK** MIT PASPELDETAILS
		88	**MIDI-ROCK** MIT APPLIKATION
32	**SCHWINGENDER ROCK** AUS SPITZENSTOFF		
36	**ELEGANTER ROCK** AUS STRICKSTOFF	94	**KURZER ROCK** MIT VIEL SCHWUNG
40	**SPORTLICHER ROCK** MIT GUMMIZUG UND RAFFUNG	98	**GLOCKENROCK** AUS ELASTIK-JACQUARD
46	**CORDROCK** MIT KELLERFALTEN		
52	**SWEATROCK** MIT BREITEM BINDEBAND		
58	**JEANSROCK** IN MAXILÄNGE	104	**HOSENROCK** MIT SEITENSTREIFEN
		110	**HOSENROCK** MIT ÖSEN UND KORDEL
		116	**GRUNDANLEITUNG**

INHALTSVERZEICHNIS

Ob raffiniert oder lässig, kurz oder lang, uni oder gemustert...

Röcke sind feminin und setzen jede Figur in Szene. Sie sind variabel und lassen sich nach Lust und Laune elegant, cool, ausgefallen oder sportlich stylen.

Mit diesen Modellen zum Selbstnähen eröffnen sich unendlich viele Gestaltungsmöglichkeiten. Ich stelle Ihnen die wichtigsten Rock-Grundformen vor und gebe Ihnen unzählige Anregungen, wie Sie diese variieren und an Ihren Geschmack anpassen können.

Jedes Modell erkläre ich Ihnen mit vielen Schritt-für-Schritt-Anleitungen sehr ausführlich. So gelingt das Nacharbeiten garantiert. Zusätzlich biete ich Ihnen an kniffligen Stellen hilfreiche Videos.

Auf den Fotos sehen Sie Beispiele, wie ich die Röcke gerne kombiniere. Lassen Sie sich davon gerne anregen und spielen Sie mit Accessoires, Schuhen und passenden Oberteilen.

Gehen Sie auf Entdeckungsreise in die modische Welt der Röcke! Ich wünsche Ihnen viel Spaß beim Entdecken und Nähen!

Ihre

Grundanleitungs-Videos in der TOPP Digitalen Bibliothek **online**
Die Videos für den perfekten Einstieg finden Sie nach erfolgter Registrierung in Ihrer Digitalen Bibliothek:
www.topp-kreativ.de/digibib
Den Freischaltcode finden Sie im Impressum.

Rockformen

Gerade

Gerade geschnittene Röcke sind ein bewährter Klassiker und sollten in keinem Kleiderschrank fehlen. Sie lassen sich unkompliziert stylen und sind ein beliebter Alltagsbegleiter.

Wippend

Leicht ausgestellte Röcke sind immer beliebt, da sie jeder Figur stehen. Ganz nach Wunsch können Sie mit ihnen Ihre Beine länger wirken lassen, die Taille betonen, breite Hüften kaschieren und vieles mehr.

A-Form

An der Grundform des 1955 von Christian Dior entworfenen A-Linien-Rockes hat sich bis heute wenig geändert. A-förmig setzen die Röcke in Taillen- oder Hüfthöhe an und verlaufen zum Saum hin mehr oder weniger stark ausgestellt. Diese Rockform betont die Körpermitte, umspielt Hüfte und Oberschenkel und kaschiert so geschickt eventuell vorhandene Problemzonen.

Glockig

Wenn Sie den Glockenrock gekonnt kombinieren, schmeichelt er jeder Figur. Da der Rock aufgrund seiner Silhouette sehr ausladend ist, sollten Sie unbedingt ein enges Oberteil tragen, damit Sie nicht unförmig wirken. Mit einem körperbetonten Shirt, einer Jeansjacke oder einem kurzen Blazer befinden Sie sich auf der sicheren Seite.

Hosenrock/ Culotte

Der Hosenrock feiert momentan als Culotte sein großes Comeback. Kein Wunder, ist er doch an Bequemlichkeit nicht zu überbieten. Er lässt uns alle Bewegungsfreiheit, trotzdem wirkt er feminin und elegant. Auch seinen Styling-Varianten sind keine Grenzen gesetzt.

BLEISTIFTROCK
MIT FUTTER

SCHWIERIGKEITSGRAD 2

GRÖSSE
34–46

MATERIAL
- Stoff 1: dehnbares Mischgewebe in Schwarz/Grau mit Salz-und-Pfeffer-Optik, 75 cm x 140 cm (für alle Größen)
- Stoff 2: dehnbarer Futterstoff in Hellgrau, 60 cm x 140 cm (für alle Größen)
- Farblich passendes Nähgarn
- Baumwollschrägband in Hellgrau, 2 cm breit, 15 cm
- Nahtverdeckter Reißverschluss in Schwarz, 20 cm

SCHNITTMUSTERBOGEN 1A + 2B

NAHTZUGABEN
1 cm Nahtzugabe ist an allen Schnittteilen enthalten und muss nicht mehr dazugegeben werden. Am Rocksaum sind 2 cm Saumzugabe enthalten.

ZUSCHNITT

Stoff 1
- [1] Vorderrock im Stoffbruch 1x
- [2] Hinterrock in doppelter Stofflage 1x
- [3] Vorderrock Beleg im Stoffbruch 1x
- [4] Hinterrock Beleg in doppelter Stofflage 1x

Stoff 2
- [5] Vorderrock Futter im Stoffbruch 1x
- [6] Hinterrock Futter in doppelter Stofflage 1x

SCHNITTTEILE

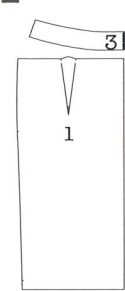
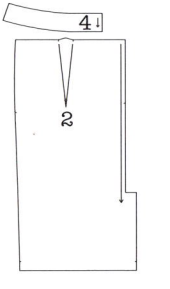
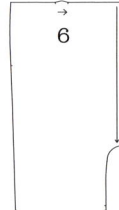
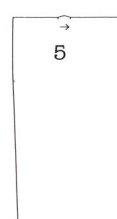

VIDEOS ZU FOLGENDEN ARBEITSSCHRITTEN:
- Schlitzverarbeitung
- Saum/Blindstich
- Nahtfeinen Reißverschluss einarbeiten
- Abnäher

ANLEITUNG

1 Zuerst die Abnäher laut Markierung in den äußeren Vorder- und Hinterrock einnähen. Dazu den Stoff rechts auf rechts legen und die Abnäher keilförmig abnähen.

2 Beide Hinterrockteile an der hinteren Mitte bündig rechts auf rechts aufeinanderlegen und zusammennähen. Dabei an der oberen Bundkante eine Öffnung für den Reißverschluss lassen und am Saum bis 1 cm über den angeschnittenen Beleg für den Schlitz nähen. Den angeschnittenen Beleg wie abgebildet einbügeln, sodass der Schlitz später nach rechts zeigt. Den unteren Beleg (Untertritt) an der geraden Seite mit dem Schrägband einfassen.

3 Den Schlitz ab dem Nahtende der hinteren Mittelnaht bis zur Stoffkante des Untertrittes (Schlitzende) von der rechten Seite aus leicht schräg absteppen.

4 Dann den Reißverschluss laut Grundanleitung (Seite 122) einarbeiten.

5 Vorder- und Hinterrock an den Seitenkanten bündig rechts auf rechts aufeinanderlegen und sorgfältig zusammennähen.

6 Danach den Innenrock (Futter) nähen. Dazu beide Futter-Hinterrockteile an der hinteren Mitte bündig rechts auf rechts zusammennähen und oben eine Öffnung für den Reißverschluss lassen. Die Rundung für den Schlitz mit einem Versäuberungsstich umnähen. Dann die Bewegungsfalten in das Futter einbügeln und feststecken.

7 „Vorderrock Beleg" und die „Hinterrock Belege" passgenau rechts auf rechts auf das Futter legen und zusammennähen. Dabei trifft die obere Kante des Futters auf die untere Seite der Belege. „Vorder- und Hinterrock Futter" an den Seitenkanten bündig rechts auf rechts aufeinanderlegen und zusammennähen.

8 Den Innenrock rechts auf rechts in den Außenrock stecken und laut Grundanleitung (Seite 123) einnähen. Die Nahtzugabe in Richtung des innenliegenden Beleges legen und von rechts knappkantig auf dem Beleg absteppen. Die Naht ausbügeln und den Innenrock nach innen stecken. Den Beleg von innen an die Nahtzugabe beider Seitennähte heften.

9 Den Saum des Außenrocks 2 cm nach innen einbügeln. Die eingebügelte Schlitzseite rechts auf rechts legen und in der Bügellinie des Saums abnähen. Die Nahtzugabe zurückschneiden und den Schlitz verstürzen. Den Saum des Außenrocks 2 cm einschlagen und mit Blindstich absteppen. Den Saum des Innenrocks zweimal 1 cm einbügeln und absteppen.

MEINE TIPPS

Für dünnere, nicht elastische Stoffe empfiehlt es sich, eine dünne Vlieseinlage auf die Belege und den Schlitzobertritt zu bügeln. Das gibt Halt und Stabilität.

Der Blindstich kann mit der Hand oder mit der Maschine genäht werden. Wird der Saum abgesteppt, ergibt sich eine sportive Optik.

 ## STOFFTIPPS

Für diesen Rock können alle Stoffe verwendet werden – von sommerlich dünnen bis zu winterlich dicken.

VARIANTE

Den Rock aus einem elastischen Material ohne Reißverschluss nähen. Dann optional wie beim geraden Rock mit Teilungsnähten (Seite 14) auf die Nahtzugabe ein schmales Gummiband aufnähen.

GERADER ROCK
MIT TEILUNGSNÄHTEN

SCHWIERIGKEITSGRAD 2

GRÖSSE
34-46

MATERIAL
- Stoff 1: dehnbares Mischgewebe in Hellgrau mit Steppmuster, 126 cm x 140 cm (für alle Größen)
- Stoff 2: dehnbarer Futterstoff in Schwarz, 90 cm x 140 cm (für alle Größen)
- Farblich passendes Nähgarn
- Gummiband für den Taillenbund, 0,5 cm breit, 80 cm (bis Gr. 38)/ 100 cm (ab Gr. 40)

SCHNITTMUSTERBOGEN
1A + 2B

NAHTZUGABEN
1 cm Nahtzugabe ist an allen Schnittteilen enthalten und muss nicht mehr dazugegeben werden. Am Rocksaum sind 2 cm Saumzugabe enthalten.

ZUSCHNITT

Stoff 1
- [1] Vorderrock Mitte im Stoffbruch 1x
- [2] Hinterrock Mitte in doppelter Stofflage 1x
- [3] Vorderrock Seite in doppelter Stofflage 1x
- [4] Hinterrock Seite in doppelter Stofflage 1x
- [5] Hinterrock seitliche Passe in doppelter Stofflage 1x
- [6] Taschenbeutel außen unten in doppelter Stofflage 1x
- [7] Taschenbeutel außen oben in doppelter Stofflage 1x
- [8] Formbund Vorderrock im Stoffbruch 2x
- [9] Formbund Hinterrock in doppelter Stofflage 2x

Stoff 2
- [10] Taschenbeutel innen in doppelter Stofflage 1x
- [11] Vorderrock Futter im Stoffbruch 1x
- [12] Hinterrock Futter in doppelter Stofflage 1x

SCHNITTTEILE

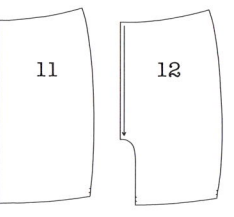

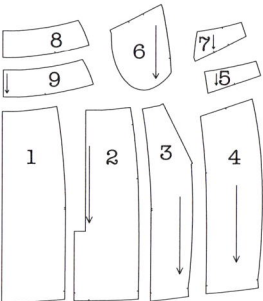

VIDEOS ZU FOLGENDEN ARBEITSSCHRITTEN:
- Taschen einarbeiten
- Schlitzverarbeitung
- Saum/Blindstich
- Formbund annähen

ANLEITUNG

1 Zuerst jeweils ein „Vorderteil Seite" an einer Seitenkante bündig rechts auf rechts auf das mittlere Vorderteil legen und zusammennähen.

2 Danach die Taschen einarbeiten. Dazu jeweils die „Taschenbeutel innen" rechts auf rechts bündig auf die dafür vorgesehene Taschenöffnungen der seitlichen Vorderrockteile nähen. Nach innen einbügeln und nochmals absteppen.

3 Jeweils einen „Taschenbeutel außen oben" und einen „Taschenbeutel außen unten" bündig rechts auf rechts aufeinanderlegen und zusammennähen. Die Taschenbeutel unter den Vorderrock legen, dabei liegen die Kanten oben und seitlich bündig aufeinander. Die Taschenbeutel rundherum zusammennähen und am Bund und an den Seitennähten knappkantig feststeppen.

4 Danach den Hinterrock zusammennähen. Dazu zuerst je die seitlichen Passen rechts auf rechts bündig an die Oberkanten der Seitenteile legen und annähen. Die seitlichen Rockteile je an einer Seitenkante bündig rechts auf rechts an ein mittleres Hinterrockteil nähen. Dann beide mittleren Hinterrockteile an der hinteren Mitte bündig rechts auf rechts aufeinanderlegen und bis zum Schlitz zusammennähen. Den Schlitz wie abgebildet einbügeln. Den Schlitz ab dem Nahtende der hinteren Mittelnaht bis zur Stoffkante des Untertrittes (Schlitzende) von der rechten Seite aus leicht schräg absteppen.

5 Vorder- und Hinterrockteil an den Seitenkanten bündig rechts auf rechts aufeinanderlegen und zusammennähen.

6 Jeweils zwei hintere Formbundteile an der hinteren Mitte rechts auf rechts zusammennähen. Danach jeweils einen „Formbund Vorderrock" und einen „Formbund Hinterrock" rechts auf rechts zusammenlegen und zum Ring schließen. Es ergeben sich dadurch zwei gleiche Bunde.

7 Einen Formbund rechts auf rechts an die obere Bundkante des Rockes stecken. Dabei werden der hintere Formbund an den Hinterrock und der vordere Formbund an den Vorderrock gesteckt und die Seitennähte von Bund und Rock treffen zusammen. Den Bund mit den offenen Kanten bündig aufeinander annähen.

8 Den zweiten Formbund entsprechend rechts auf rechts an die obere Kante des bereits angenähten Bundes nähen.

GERADER ROCK MIT TEILUNGSNÄHTEN

9 Das Gummiband individuell abmessen und zum Ring zusammennähen. Das Gummiband und den Taillenbund vierteilen, markieren und die Markierungen entsprechend aufeinanderstecken. Das Gummiband auf die Nahtzugabe nähen. Beim Nähen nur das Gummiband dehnen und die Weite gleichmäßig einhalten.

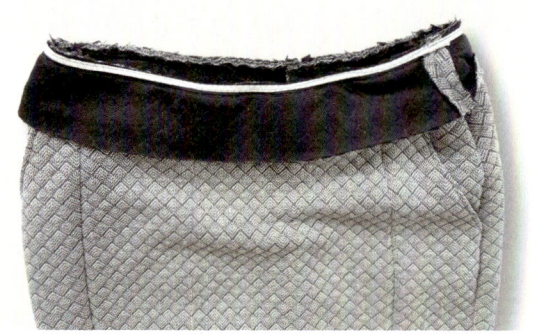

10 Danach den Innenrock (Futter) an den Formbund nähen. Dazu das Futter rechts auf rechts an den inneren Formbund nähen. Den Innenrock nach innen stecken und die Nahtzugaben beider Formbundteile von innen zusammennähen.

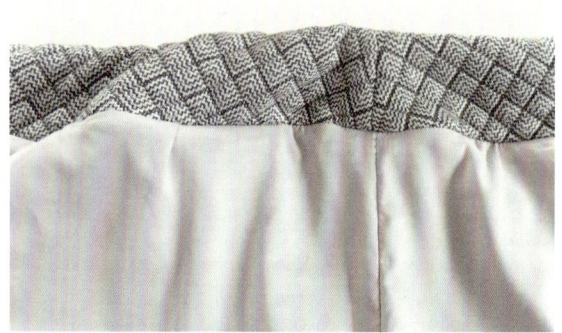

11 Den Saum des Außenrocks 2 cm nach innen einbügeln. Die eingebügelte Schlitzseite rechts auf rechts legen und in der Bügellinie des Saums abnähen. Die Nahtzugabe zurückschneiden und den Schlitz verstürzen. Den Saum des Außenrocks 2 cm einschlagen und mit Blindstich annähen. Den Saum des Innenrocks zweimal 1 cm einbügeln und absteppen.

MEINE TIPPS

Für dünnere, nicht elastische Stoffe empfiehlt es sich, eine dünne Vlieseinlage auf die Belege und auf den Schlitzobertritt zu bügeln. Das gibt Halt und Stabilität.

STOFFTIPPS

Auch zu diesem Rock passen sowohl sommerlich dünne als auch winterlich dicke Stoffe.

VARIANTE

Den Rock aus Baumwollstretch oder einem festeren Material nähen und laut Grundanleitung (Seite 122) einen nahtverdeckten Reißverschluss in die hintere Mitte einarbeiten.

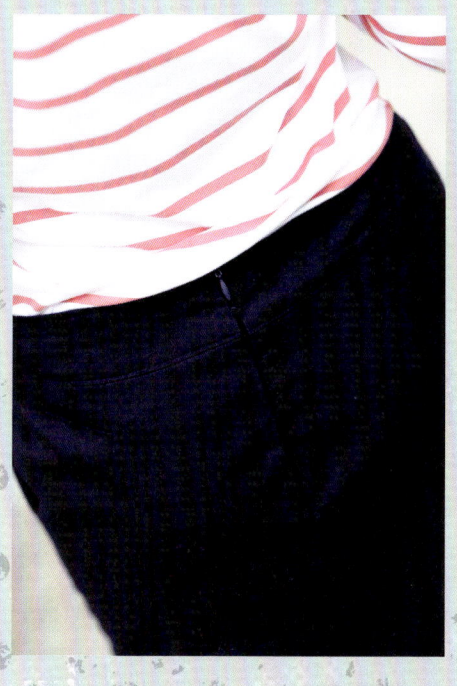

5-POCKET-MODELL
MIT TYPISCHER STEPPUNG

SCHWIERIGKEITSGRAD 3

GRÖSSE
34–46

MATERIAL
- Stoff 1: leicht elastischer Denimstoff in Blau, 106 cm x 140 cm
- Stoff 2: Futterstoff in Schwarz, 26 cm x 140 cm
- Nähgarn in Orange
- Metall-Reißverschluss in Weiß, 15 cm
- 2 Anorak-Druckknöpfe in Kupfer, ø 11 mm

SCHNITTMUSTERBOGEN 2B

NAHTZUGABEN
1 cm Nahtzugabe ist an allen Schnittteilen enthalten und muss nicht mehr dazugegeben werden. Am Rocksaum sind 3 cm Saumzugabe enthalten.

ZUSCHNITT

Stoff 1
- [1] Vorderrock in doppelter Stofflage 1x
- [2] Hinterrock in doppelter Stofflage 1x
- [3] Hinterrock Passe in doppelter Stofflage 1x
- [4] Tasche Hinterrock in doppelter Stofflage 1x
- [5] Beleg Taschenbeutel innen in doppelter Stofflage 1x
- [6] Taschenbeutel außen in doppelter Stofflage 1x
- [7] Wäscheschutz im Stoffbruch 1x
- [8] Beleg Reißverschluss 1x
- [9] Taillenbund vorne in doppelter Stofflage 1x
- [10] Taillenbund hinten im Stoffbruch 1x
- [11] Streifen für die Schlaufen 1x

Stoff 2
- [12] Taschenbeutel innen in doppelter Stofflage 1x

SCHNITTTEILE

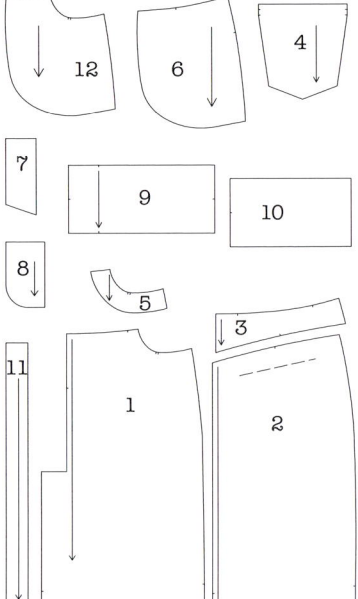

VIDEOS ZU FOLGENDEN ARBEITSSCHRITTEN:
- Reißverschluss einarbeiten und Bund annähen
- Schlitzverarbeitung

ANLEITUNG

1 Zuerst die Passen an den Hinterrock nähen. Dazu jeweils die Hinterrockteile an den Markierungen rechts auf rechts auf die Passen legen und zusammennähen. Die Nahtzugabe nach unten bügeln und doppelt absteppen. Beide Hinterrockteile an der hinteren Mitte bündig rechts auf rechts aufeinanderlegen und zusammennähen. Die Nahtzugabe nach links bügeln und doppelt absteppen.

2 Dann die Taschen auf den Hinterrock aufnähen. Dazu jeweils den Tascheneingriff um 2 cm und die Seiten um 1 cm nach innen einbügeln. Den Tascheneingriff doppelt absteppen. Die Taschen laut Markierung auf die rechte Seite des Hinterrocks stecken und aufnähen.

3 Danach die Taschen in die Vorderrockteile einarbeiten. Dazu je einen „Beleg Taschenbeutel innen" bündig auf einen „Taschenbeutel innen" stecken. Dabei zeigen alle rechten Seiten nach oben. Die untere Kante des Belegteils auf den „Taschenbeutel innen" aufsteppen. Anschließend je einen kombinierten „Taschenbeutel innen" rechts auf rechts bündig auf die dafür vorgesehene Taschenöffnung eines Vorderrockteils nähen. Nach innen einbügeln und den Tascheneingriff doppelt aufsteppen.

4 Die „Taschenbeutel außen" darunterlegen, dabei liegen die Kanten oben und seitlich bündig aufeinander. Die Taschenbeutel rundherum schließen und am Bund und an den Seitennähten knappkantig feststeppen.

5 Beide Vorderrockteile an der vorderen Mitte bündig rechts auf rechts aufeinanderlegen und zusammennähen. Dabei an der oberen Bundkante eine Öffnung für den Reißverschluss lassen und unten bis 1 cm über den angeschnittenen Beleg für den Schlitz nähen. Den angeschnittenen Beleg wie abgebildet einbügeln, sodass der Schlitz später nach rechts zeigt. Die vorderen Stoffkanten zweimal 0,5 cm einschlagen und knappkantig absteppen.

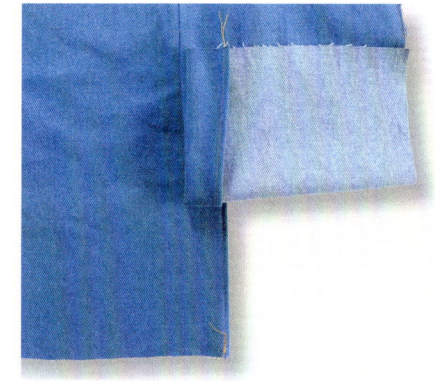

6 Danach den Wäscheschutz am Stoffbruch rechts auf rechts legen und die schräge untere Seite abnähen. Dann auf rechts wenden.

7 Den Reißverschluss in die rechte Rockhälfte einnähen. Dazu den Reißverschlussfuß in die Maschine einsetzen, den Reißverschluss öffnen und rechts auf rechts in die Öffnung einnähen. Den Reißverschluss schließen. Danach den Wäscheschutz rechts auf rechts knapp neben der Naht so an die Nahtzugabe nähen, dass dieser später wie abgebildet nach innen liegt.

8 Den Reißverschlussbeleg mit der geraden Seite rechts auf rechts an die Nahtzugabe der gegenüberliegenden Rockseite nähen. Den Beleg nach innen einbügeln.

9 Die linke Rockseite auf den Reißverschluss inklusive Wäscheschutz legen. Dabei zeigen alle rechten Stoffseiten nach oben. Darauf achten, dass die Seite mit dem Beleg den Reißverschluss überdeckt. Den Beleg so auf die noch nicht verarbeitete Seite des Reißverschlusses stecken, dass der darunterliegende Wäscheschutz nicht mitgefasst wird. Der Reißverschluss liegt rechts auf rechts auf dem Beleg. Den Rock wenden und beide Teile festnähen.

10 Den Rock wenden, sodass die rechte Stoffseite oben liegt. Den Reißverschluss zur Hälfte öffnen und den Wäscheschutz so weit wie möglich zur Seite klappen. Den Reißverschlussbeleg von rechts doppelt absteppen, den Wäscheschutz am unteren Ende mit absteppen.

11   Den Reißverschluss wieder schließen und den Beleg und den Wäscheschutz am unteren Ende von der linken Seite schräg abnähen.

12   Anschließend die Nahtzugabe an der vorderen Mitte einschneiden, nach rechts bügeln und vom Reißverschluss bis zum Schlitz doppelt absteppen. Den Schlitz ab dem Nahtende der vorderen Mittelnaht bis zur Stoffkante des Untertrittes (Schlitzende) von der rechten Seite aus leicht schräg und nur einfach absteppen.

13   Vorder- und Hinterrock an den Seitenkanten bündig rechts auf rechts aufeinanderlegen und zusammennähen. Die Seitennähte auseinanderbügeln.

14   Beide vorderen Taillenbundteile rechts auf rechts auf den hinteren Taillenbund legen und an den Seitenkanten bündig zusammennähen. Den Bund zunächst hälftig so einbügeln, dass die rechten Seiten außen liegen. Eine lange Seite rechts auf links mit 0,8 cm Nahtzugabe an die obere Bundkante des Rockes nähen. Dabei treffen die hintere Mitte des Bundes und des Rockes aufeinander. An den beiden vorderen Rockkanten ist der Bund 1 cm länger als der Rock. Die Bundkante an der anderen langen Seite 1 cm nach innen einbügeln.

5-POCKET-MODELL MIT TYPISCHER STEPPUNG

15 Den Bund an den beiden vorderen, kurzen Seiten mittig rechts auf rechts umschlagen und die vordere Kante abnähen. Die angenähte Nahtzugabe liegt dabei nach oben, die noch offene Nahtzugabe nach unten. Die Nahtzugabe zurückschneiden. Die Bundkante wenden und ausbügeln. Die eingebügelte Nahtzugabe nach innen einschlagen und den Bund feststecken. Dann prüfen, ob beide Seiten gleich lang abgenäht wurden, und eventuell nacharbeiten. Den Bund von rechts knappkantig neben der Bundkante aufsteppen.

16 Den Streifen für die Schlaufen an den langen Seiten je 1 cm nach innen einbügeln und knappkantig links und rechts absteppen. Den Streifen in sechs ca. 7 cm lange Stücke schneiden. Je einen Streifen laut Markierung im Schnittmuster mit einer kurzen Seite auf die untere Bundkante legen und annähen. Den Streifen nach oben zur Schlaufe legen, 1 cm Nahtzugabe nach innen einschlagen und von rechts absteppen. Danach die untere Seite nach unten bügeln und von rechts noch einmal absteppen.

17 Den Rocksaum 3 cm nach innen einbügeln. Die eingebügelte Schlitzseite rechts auf rechts legen und in der Bügellinie des Saums abnähen. Die Nahtzugabe zurückschneiden und den Schlitz verstürzen. Den Rocksaum 3 cm einschlagen und von rechts doppelt absteppen.

18 Die Druckknöpfe laut Herstellerangaben im Taillenbund anbringen.

MEINE TIPPS

Die Taschenbeutel innen ebenfalls aus Denimstoff zuschneiden und den Beleg weglassen. Dann die Taschen wie beim Basicrock (Seite 64) verarbeiten.

Statt der Druckknöpfe Knopflöcher einnähen und Knöpfe annähen.

Den Reißverschluss farblich passend zum Jeansstoff wählen.

Den Schlitz zur anderen Seite hin verarbeiten.

VARIANTE

Wird der Rock aus bi-elastischem Denimstoff genäht, ist es möglich, den Reißverschluss als Fake-Reißverschluss zu verarbeiten.

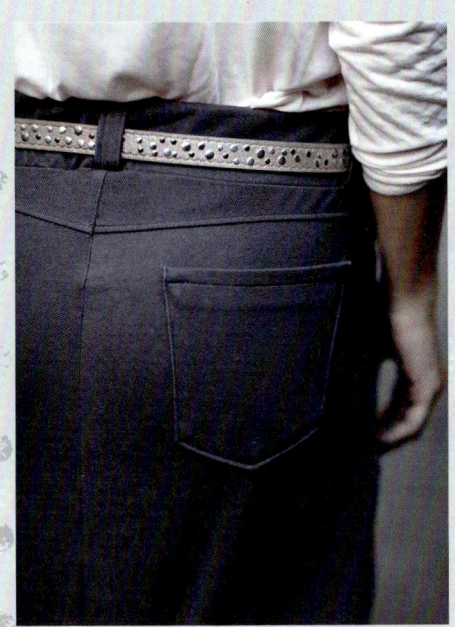

SPORTLICHES MODELL AUS TENCEL

SCHWIERIGKEITSGRAD 1

GRÖSSE
34–46

MATERIAL
- Stoff 1: Tencel-Stoff in Denimblau, 137 cm x 140 cm (für alle Größen)
- Dickes Jeansgarn in Braun
- 2 Ösen in Silber, ø 11 mm
- Kordelband in Creme gemustert, ø 8 mm, 100 cm
- Gummiband für den Taillenbund, 3 cm breit, 80 cm (bis Gr. 38)/ 100 cm (ab Gr. 40)

SCHNITTMUSTERBOGEN 2A

NAHTZUGABEN
1 cm Nahtzugabe ist an allen Schnittteilen enthalten und muss nicht mehr dazugegeben werden. Am Rocksaum sind 2 cm Saumzugabe enthalten.

ZUSCHNITT

Stoff 1
- [1] Vorderrock/Hinterrock oben im Stoffbruch 2x
- [2] Vorderrock/Hinterrock unten im Stoffbruch 2x

SCHNITTTEILE

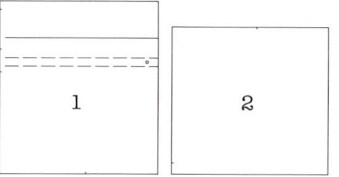

ANLEITUNG

1. Zuerst die oberen Rockteile bündig rechts auf rechts auf die unteren Rockteile legen und zusammennähen. Die Nahtzugabe nach oben bügeln und von rechts knappkantig absteppen.

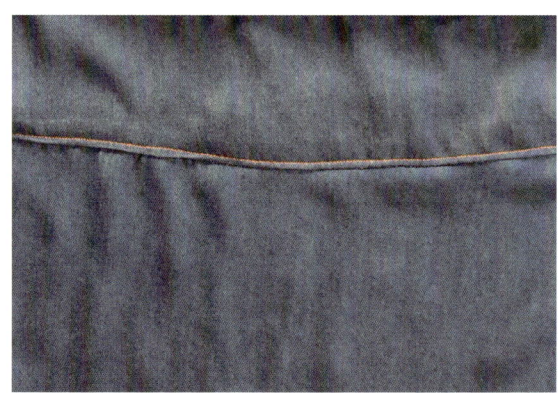

2. Die beiden Rockteile an den Seitenkanten bündig rechts auf rechts aufeinanderlegen und zusammennähen. Dabei treffen die Nähte aufeinander. Die obere Bundkante 6 cm nach innen einbügeln und feststecken. Danach von rechts mit 3,5 cm Abstand zur Bundkante absteppen und an einer Seitennaht eine 4 cm lange Öffnung lassen.

3. Die Ösen laut Herstellerangaben und Grundanleitung (Seite 120) laut Markierungen mittig in das Vorderteil einarbeiten. Die Kordel einziehen und so nah wie möglich an den oberen Nahtrand legen. Die offene Bundkante 1 cm einschlagen und feststecken. Einen Reißverschlussfuß einsetzen und die Nadel nach rechts stellen. Mit einem Abstand von 1,75 cm zur in Schritt 2 genähten Naht von rechts einen Tunnel absteppen. Dabei an der Seitennaht wieder eine 4 cm lange Öffnung lassen und die zwischenliegende Kordel nicht mitfassen. Die Kordelenden verknoten.

4 Das Gummiband individuell abmessen, mithilfe einer Sicherheitsnadel in den Bund einziehen und flach zusammennähen. Die Öffnung schließen.

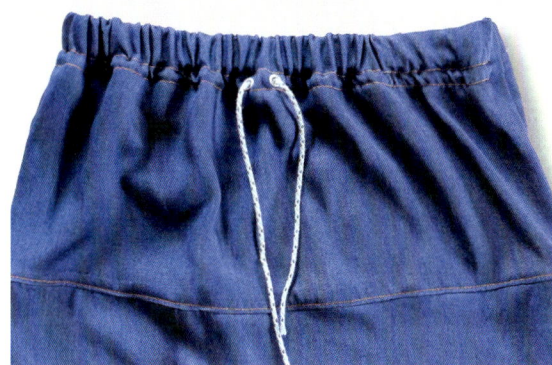

5 Den Rocksaum zweimal 1 cm nach innen einbügeln und absteppen.

MEINE TIPPS

Wenn kein Jeansgarn benutzt wird, kann auch von links abgesteppt werden.

Statt Jeansgarn kontrastfarbiges Garn und einen Zierstich verwenden.

STOFFTIPPS

Der Rock sieht auch aus Viskose-Jersey super aus. Wichtig ist hier, dass der Stoff weich und fließend fällt.

SCHWINGENDER ROCK
AUS SPITZENSTOFF

SCHWIERIGKEITSGRAD 1

GRÖSSE
34–46

MATERIAL
- Stoff 1: elastisches Mischgewebe in Rosa mit Spitzenoptik, 112 cm x 140 cm (für alle Größen)
- Stoff 2: Viskose-Jersey in Rosa, 110 cm x 140 cm (für alle Größen)
- Farblich passendes Nähgarn
- Gummiband für den Taillenbund, 5 cm breit, 80 cm (bis Gr. 38)/ 100 cm (ab Gr. 40)

SCHNITTMUSTERBOGEN 2A

NAHTZUGABEN
1 cm Nahtzugabe ist an allen Schnittteilen enthalten und muss nicht mehr dazugegeben werden. Am Rocksaum sind 2 cm Saumzugabe enthalten.

ZUSCHNITT

Stoff 1
- [1] Vorderrock/Hinterrock im Stoffbruch 2x
- [2] Taillenbund im Stoffbruch 2x

Stoff 2
HINWEIS: Den Innenrock am Saum 2 cm kürzer zuschneiden.
- [1] Vorderrock/Hinterrock im Stoffbruch 2x
- [2] Taillenbund im Stoffbruch 2x

SCHNITTTEILE

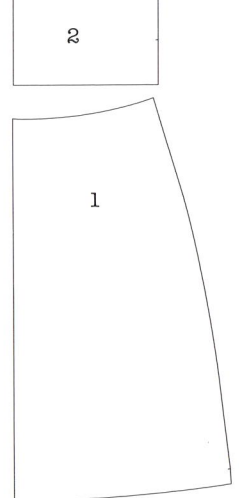

WIPPEND

ANLEITUNG

1 Zuerst jeweils die beiden passenden Vorder- und Hinterrockteile des Außen- und Innenrocks an den Seitenkanten bündig rechts auf rechts aufeinanderlegen und zusammennähen.

2 Das äußere Rockteil wenden und Innen- und Außenrock wie abgebildet rechts auf links ineinanderstecken. Die obere Rockkante knappkantig absteppen.

3 Jeweils beide passenden Taillenbundteile rechts auf rechts aufeinanderlegen und zum Ring zusammennähen. Beide Bundteile an einer langen Seite rechts auf rechts zusammennähen. Den Bund hälftig so einschlagen, dass die rechten Stoffseiten außen liegen.

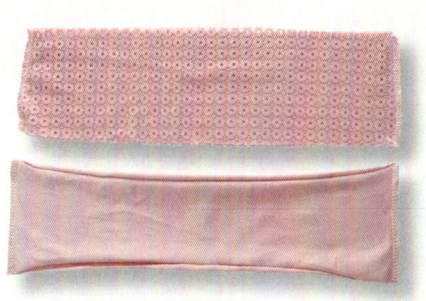

4   Den Bund rechts auf rechts an die obere Bundkante des Rockes stecken, dabei treffen die Seitennähte aufeinander. Den Taillenbund mit den offenen Kanten bündig aufeinander annähen, dabei eine kleine Öffnung lassen. Das Gummiband individuell abmessen, mithilfe einer Sicherheitsnadel in den Bund einziehen und flach zusammennähen. Die Öffnung schließen.

5   An Innen- und Außenrock jeweils den Saum 2 cm nach innen einschlagen und absteppen.

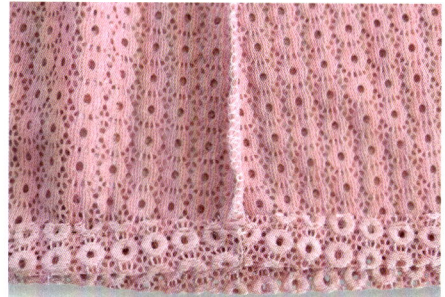 

MEINE TIPPS

Für eine größere Bewegungsfreiheit kann der Innenrock (Futter) auch mit Schlitz in der Seitennaht gearbeitet werden. Dazu die Seitennähte nur bis 15 cm vor Saumende zusammennähen, die Nahtzugabe ausbügeln und ab dem Nahtende bis zum Saum absteppen.

Den Bund 6 cm breit zuschneiden und ein 2,5 cm breites Gummiband einziehen.

Sehr hübsch sieht es auch aus, wenn Sie den Rock aus unifarbigem Stoff und nur einlagig verarbeiten. Dann Ösen einarbeiten und eine Kordel durch den Bund ziehen (siehe Grundanleitung Seite 120)

STOFFTIPPS

Den Rock nur aus einer Lage Stoff nähen, z. B. aus Jersey oder für den Winter aus dickeren, elastischen Romanit- bzw. Punta-di-Roma-Stoffen.

ELEGANTER ROCK
AUS STRICKSTOFF

SCHWIERIGKEITSGRAD 1

GRÖSSE
34–46

MATERIAL
- Stoff 1: elastisches Mischgewebe in Schwarz mit silbernen Streifen, 112 cm x 140 cm (für alle Größen)
- Stoff 2: Stretchfutterstoff in Schwarz, 110 cm x 140 cm (für alle Größen)
- Farblich passendes Nähgarn
- Gummiband für den Taillenbund, 3 cm breit, 80 cm (bis Gr. 38)/ 100 cm (ab Gr. 40)

SCHNITTMUSTERBOGEN 2A

NAHTZUGABEN
1 cm Nahtzugabe ist an allen Schnittteilen enthalten und muss nicht mehr dazugegeben werden. Am Rocksaum sind 2 cm Saumzugabe enthalten.

ZUSCHNITT

Stoff 1
[1] Vorderrock/Hinterrock im Stoffbruch 2x

Stoff 2
HINWEIS: Den Innenrock am Saum 2 cm kürzer zuschneiden.
[1] Vorderrock/Hinterrock im Stoffbruch 2x

SCHNITTTEILE

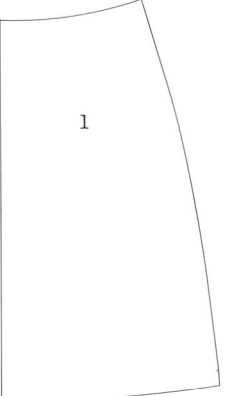

ANLEITUNG

1 Zuerst jeweils die beiden passenden Vorder- und Hinterrockteile des Außen- und Innenrocks an den Seitenkanten bündig rechts auf rechts aufeinanderlegen und zusammennähen. Danach die beiden Rockteile am Bund rechts auf rechts zusammennähen.

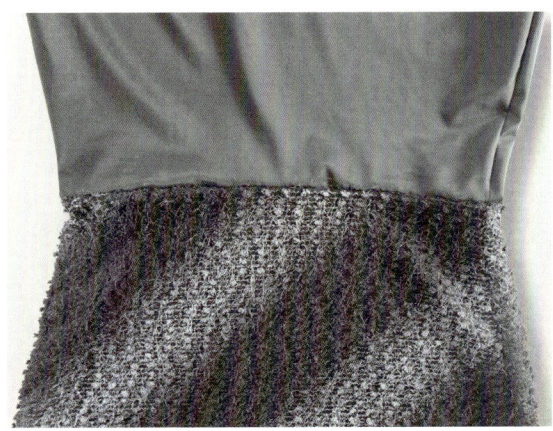

2 Das äußere Rockteil wenden und Innen- und Außenrock rechts auf rechts ineinanderstecken. Die obere Rockkante 3,5 cm breit absteppen, dabei an der Seitennaht eine Öffnung lassen.

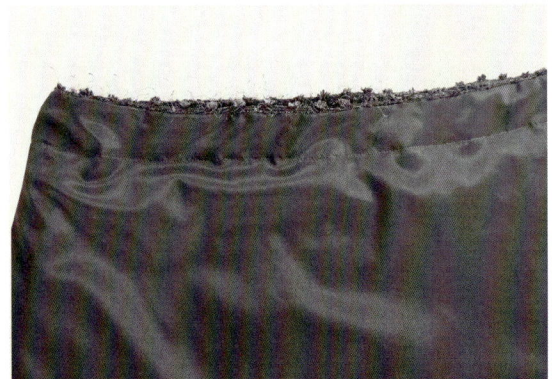 

3 Das Gummiband individuell abmessen, mithilfe einer Sicherheitsnadel in den Tunnel einziehen und flach zusammennähen. Die Öffnung schließen.

4. An Innen- und Außenrock jeweils den Saum 2 cm nach innen einschlagen und absteppen.

MEINE TIPPS

Auch bei diesem Modell kann der Innenrock (Futter) mit Schlitz in der Seitennaht gearbeitet werden (siehe Seite 35). So bekommt man beim Tragen noch mehr Bewegungsfreiheit.

STOFFTIPPS

Elastische Romanit- oder Punto-di-Roma-Stoffe für den Außenrock und Viskose-Jersey für den Innenrock verwenden.

SPORTLICHER ROCK
MIT GUMMIZUG UND RAFFUNG

SCHWIERIGKEITSGRAD 2

GRÖSSE
34–46

MATERIAL
- Stoff 1: bedruckter Viskose-Jersey in Schwarz/Weiß/Taupe, 115 cm x 140 cm (für alle Größen)
- Stoff 2: Viskose-Jersey in Taupe, 26 cm x 140 cm (für alle Größen)
- Farblich passendes Nähgarn
- 2 Ösen in Silber, ø 11 mm
- Kordelband in Schwarz, ø 8 mm, 100 cm
- Doppelseitiges Klebeband
- Gummiband für den Taillenbund, 3 cm breit, 80 cm (bis Gr. 38)/ 100 cm (ab Gr. 40)

SCHNITTMUSTERBOGEN 1A

NAHTZUGABEN
1 cm Nahtzugabe ist an allen Schnittteilen enthalten und muss nicht mehr dazugegeben werden. Am Rocksaum sind 2 cm Saumzugabe enthalten.

ZUSCHNITT

Stoff 1
- [1] Vorderrock/Hinterrock im Stoffbruch 2x
- [2] Taillenbund im Stoffbruch 2x

Stoff 2
- [3] Tasche Vorderrock rund in doppelter Stofflage 1x
- [4] Taschenbeleg in doppelter Stofflage 1x
- [5] Seitenstreifen in doppelter Stofflage 1x

TIPP: Im Schnitt ist eine weitere Taschenvariante enthalten. Falls Sie diese arbeiten möchten, das Schnittteil „Tasche Vorderrock eckig" in doppelter Stofflage 1x zuschneiden und meine Tipps (Seite 45) beachten.

SCHNITTTEILE

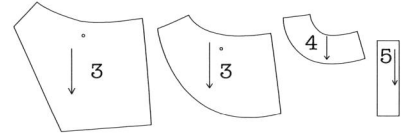
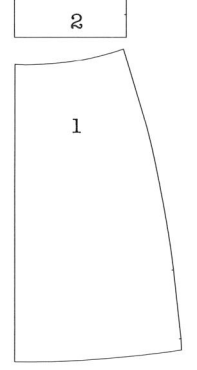

ANLEITUNG

1. Zuerst die Taschen auf das Vorderteil nähen. Dazu jeweils die untere runde Seite der Taschen nach innen einbügeln. Den Taschenbeleg rechts auf rechts auf die obere Tascheneingriffkante nähen und nach innen umbügeln. Die Nahtzugabe auf Höhe der Kordel knapp zurückschneiden. Je eine Öse laut Herstellerangaben und Grundanleitung (Seite 121) mittig an der markierten Stelle auf der Tasche anbringen.

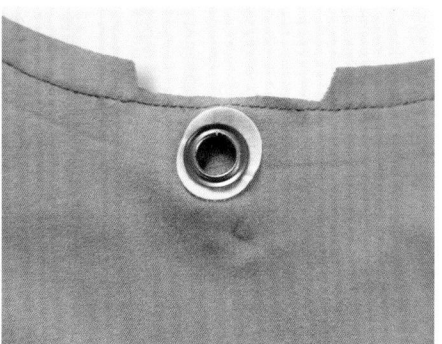

2. Dann zwei jeweils 25 cm lange Kordelstücke zuschneiden und mittig zur Schlaufe legen. Die Schlaufen durch die Ösen ziehen, die losen Kordelenden nach links und rechts an den Taschenrand legen und knappkantig annähen. Den Beleg so breit wie möglich auf die Tasche nähen. An der Kordel ziehen, sodass sich der Tascheneingriff einkräuselt und die Tasche ihre Form bekommt. Danach je die untere runde Taschenseite mit doppelseitigem Klebeband auf dem Vorderrock fixieren.

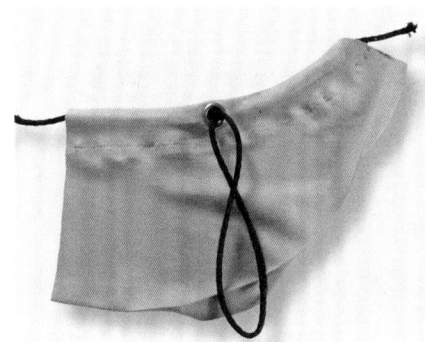

3 Jeweils die lose Taschenkante zur Seite klappen und die Tasche von innen in der Bügellinie auf den Vorderrock nähen. Die Naht ist von außen nicht sichtbar.

4 Den Vorder- und Hinterrock an den Seitenkanten bündig rechts auf rechts aufeinanderlegen und zusammennähen, dabei die Taschen mitfassen.

5 Beide Taillenbundteile rechts auf rechts aufeinanderlegen und zum Ring zusammennähen. Den Taillenbund hälftig einbügeln, die rechten Seiten liegen dabei außen.

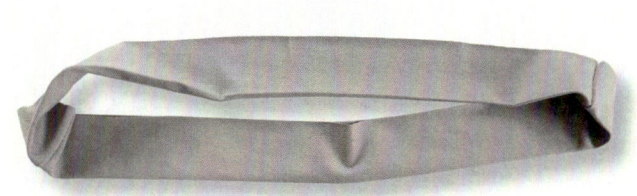

6 Den Taillenbund rechts auf rechts an die obere Bundkante des Rockes stecken. Dabei treffen die Seitennähte aufeinander. Den Taillenbund mit den offenen Kanten bündig aufeinander annähen, dabei eine kleine Öffnung lassen. Das Gummiband individuell abmessen, mithilfe einer Sicherheitsnadel in den Bund einziehen und flach zusammennähen. Die Öffnung schließen.

SPORTLICHER ROCK MIT GUMMIZUG UND RAFFUNG

7 Den Rocksaum 2 cm nach innen einschlagen und absteppen.

8 Die Seitenstreifen jeweils rundherum 1 cm einbügeln und links auf rechts unten bündig auf die Seitennaht des Rockes stecken. Den Streifen bis auf die untere Seite rundherum aufnähen und in der Mitte bis 1,5 cm unterhalb der Naht absteppen. Anschließend zwei 15 cm lange Kordelstücke zuschneiden, jeweils mit einer kleinen Sicherheitsnadel einziehen und die Enden verknoten. Jeweils an der Kordel ziehen, sodass sich die Seite etwas einkräuselt.

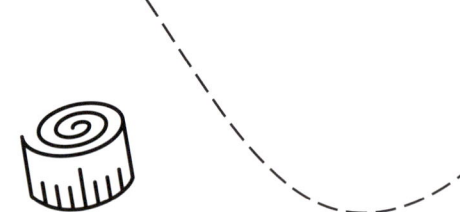

MEINE TIPPS

Beim Aufnähen der Seitenstreifen besser kein doppelseitiges Klebeband benutzen, da das später beim Durchziehen der Kordel Probleme gibt.

STOFFTIPPS

Für den Rock einen dünnen Tencel-Denim-Stoff verwenden und für die Taschen Viskose-Jersey.

VARIANTE

Den Rock mit der eckigen Taschenvariante z. B. nur aus Modal-Jersey nähen und die Taschen nach Belieben aufsteppen. Wenn die eckige Tasche vorne im 90-Grad-Winkel und nicht schräg wie hier abgebildet aufgenäht wird, ergibt sich noch etwas mehr Weite zum Einkräuseln des Tascheneingriffes.

CORDROCK MIT KELLERFALTEN

SCHWIERIGKEITSGRAD 3

GRÖSSE
34–46

MATERIAL
- Stoff 1: Baumwollcordstoff in Hellblau, 150 cm x 140 cm (für alle Größen)
- Stoff 2: Viskosestoff in Bunt mit Blumenmuster, 12 cm x 140 cm (für alle Größen)
- Stoff 3: Futterstoff in Weiß, 118 cm x 140 cm (für alle Größen)
- Farblich passendes Nähgarn
- Nahtverdeckter Reißverschluss in Hellblau, 20 cm

SCHNITTMUSTERBOGEN
1B + 2A

NAHTZUGABEN
1 cm Nahtzugabe ist an allen Schnittteilen enthalten und muss nicht mehr dazugegeben werden. Am Rocksaum sind 2 cm Saumzugabe enthalten.

ZUSCHNITT
Stoff 1
[1] Vorderrock im Stoffbruch 1x
[2] Hinterrock im Stoffbruch 1x
[3] Vorderrock Beleg im Stoffbruch 1x
[4] Hinterrock Beleg im Stoffbruch 1x

Stoff 2
[5] Band im Stoffbruch 1x

Stoff 3
[6] Vorderrock/Hinterrock Futter im Stoffbruch 2x

SCHNITTTEILE

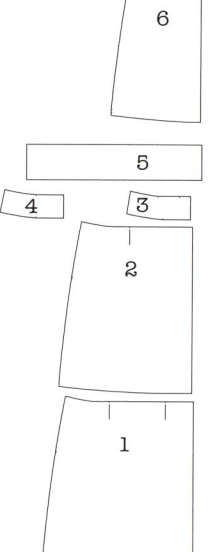

VIDEOS ZU FOLGENDEN ARBEITSSCHRITTEN:
- Nahtfeinen Reißverschluss einarbeiten
- Falten legen und Bindeband annähen bzw. verstürzen

ANLEITUNG

1 Zuerst vier Kellerfalten im Vorder- und drei im Hinterrock arbeiten. Dazu die Rockteile jeweils am Knips rechts auf rechts legen und die Falten 6 cm parallel zur Stoffkante abnähen. Im Hinterrock trifft der Knips der mittleren Kellerfalte auf den Stoffbruch. Die Falten mittig ausbügeln und am oberen Rand des Rockes knappkantig absteppen.

2 Das Bindeband rechts auf rechts legen, feststecken und die lange Seite zusammennähen. Das Band verstürzen. Dazu die Fadenenden lange stehen lassen, ein Fadenende mithilfe einer Sicherheitsnadel durch das Band hindurchziehen und das Band auf rechts wenden. Das Band sauber ausbügeln und die beiden kurzen Seiten nach innen einbügeln. Beide kurzen Seiten und die lange Seite mit der Naht knappkantig absteppen.

3 Das Band mittig falten und ca. 2 cm unterhalb der Bundoberkante bündig so an die rechte Seitenkante des Hinterrocks legen, dass die Mitte des Bandes auf die Kante der Seitennaht trifft. Den Vorderrock rechts auf rechts auf den Hinterrock legen und beide Rockteile an den Seitenkanten zusammennähen. Dabei die Mitte des Bandes mitfassen und in der linken Seite eine Öffnung für den Reißverschluss lassen. Den nahtverdeckten Reißverschluss laut Grundanleitung (Seite 122) einnähen.

4 Danach den Innenrock (Futter) nähen. Dazu die Bewegungsfalten in das Futter einbügeln und feststecken. „Vorderrock Beleg" und „Hinterrock Beleg" passgenau rechts auf rechts auf das Futter legen und zusammennähen. Dabei trifft die obere Kante des Futters auf die untere Seite der Belege.

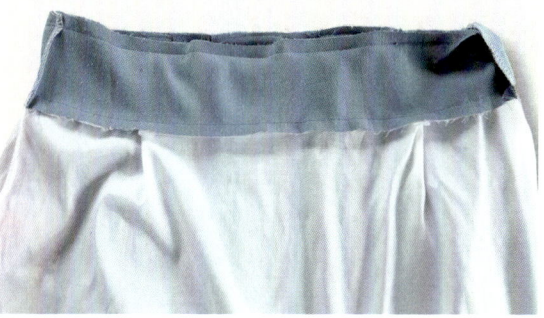

CORDROCK MIT KELLERFALTEN

5 Danach den Innenrock rechts auf rechts in den Außenrock stecken und laut Grundanleitung (Seite 123) einnähen.

6 Den Saum des Außenrocks 2 cm einbügeln und absteppen. Den Saum des Innenrocks (Futters) zweimal 1 cm nach innen einbügeln und absteppen.

MEINE TIPPS

Das Bindeband kann durch ein gekauftes Band ersetzt werden.

Den Rock ohne Futter nähen: Dazu einfach die untere Kante des Beleges mit einem Band oder einem Versäuberungsstich versäubern und den Beleg an den seitlichen Nahtzugaben und an den Falten punktuell von Hand oder mit der Maschine festheften.

STOFFTIPPS

Für diesen Rock können alle Materialien verwendet werden. Je fester der Stoff, desto mehr „stehen" die Falten.

Für dünnere Stoffe empfiehlt es sich, eine Vlieseinlage in den Beleg einzubügeln. Das gibt Halt und Stabilität.

SWEATROCK
MIT BREITEM BINDEBAND

SCHWIERIGKEITSGRAD 3

GRÖSSE
34–46

MATERIAL
- Stoff 1: Double-Face-Sweatshirtstoff in Beige/Hellgrau mit Metallic-Look, 115 cm x 140 cm (für alle Größen)
- Farblich passendes Nähgarn
- Gummiband für den Taillenbund, 0,5 cm breit, 80 cm (bis Gr. 38)/ 100 cm (ab Gr. 40)

SCHNITTMUSTERBOGEN 1B + 2A

NAHTZUGABEN
1 cm Nahtzugabe ist an allen Schnittteilen enthalten und muss nicht mehr dazugegeben werden. Am Rocksaum sind 2 cm Saumzugabe enthalten.

ZUSCHNITT

Stoff 1

HINWEIS: Die linke Warenseite wird als rechte Warenseite verwendet. Deshalb die Schnittteile so auf den Stoff legen, dass die Schrift und die rechte Warenseite nach oben zeigen.

[1] Vorderrock in einfacher Stofflage 1x (rechte Stoffseite zuschneiden)

[2] Hinterrock in einfacher Stofflage 1x (rechte Stoffseite zuschneiden)

[3] Taschenbeutel innen in einfacher Stofflage 1x (linke Stoffseite zuschneiden)

[4] Taschenbeutel außen in einfacher Stofflage 1x (linke Stoffseite zuschneiden)

[5] Band in doppelter Stofflage 1x

[6] Einsatz Vorderrock in einfacher Stofflage 1x (linke Stoffseite zuschneiden)

[7] Einsatz Hinterrock in einfacher Stofflage 1x (linke Stoffseite zuschneiden)

[8] Formbund Vorderrock/Hinterrock im Stoffbruch 4x (linke Stoffseite zuschneiden)

SCHNITTTEILE

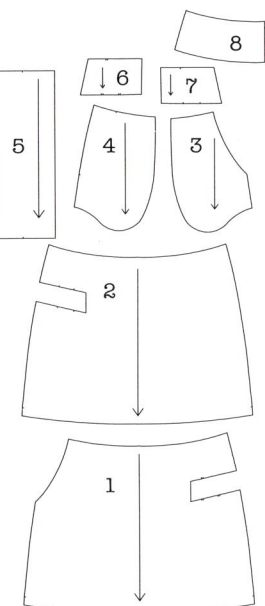

VIDEOS ZU FOLGENDEN ARBEITSSCHRITTEN:
- Band annähen/Ecke nähen
- Formbund annähen
- Taschen einarbeiten

ANLEITUNG

1 Zuerst die Tasche in den Vorderrock einarbeiten. Dazu den „Taschenbeutel innen" rechts auf rechts bündig auf die dafür vorgesehene Taschenöffnung nähen, nach innen einbügeln und nochmals absteppen. Den „Taschenbeutel außen" darunterlegen, dabei liegen die Kanten oben und seitlich bündig aufeinander. Den Taschenbeutel rundherum schließen und am Bund und an den Seitennähten knappkantig feststeppen.

2 Jetzt die Bänder verarbeiten. Dazu je ein Band links auf links legen und an der langen und einer kurzen Seite zusammennähen. Beide Bänder verstürzen (siehe Seite 48). In diesem Falle ist es gewollt, dass die linke Stoffseite als rechte Seite verwendet wird. Das Band sauber ausbügeln. Jeweils ein Band mit der offenen kurzen Seite wie abgebildet rechts auf rechts an den Einsatz des Vorder- und des Hinterrocks nähen.

54 □ **WIPPEND**

3 Danach den „Einsatz Vorderrock" an den Vorderrock und den „Einsatz Hinterrock" an den Hinterrock nähen. Dazu die Einsätze jeweils rechts auf rechts auf das entsprechende Rockteil legen, das Bindeband liegt zwischen Einsatz und Rock. Den Einsatz noch einmal auf der gerade genähten Naht aufnähen. Die Nahtzugabe an den Ecken bis zur Naht einschneiden und den Einsatz von jeder Ecke bis zum Ende der Seitennaht rechts auf rechts annähen. So sind Einsatz und Bindeband sauber eingefasst.

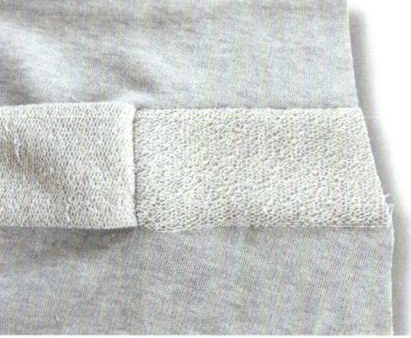

4 Den Vorder- und Hinterrock an den Seitenkanten bündig rechts auf rechts aufeinanderlegen und zusammennähen. Dabei treffen die Quernähte aufeinander.

5 Jeweils einen „Formbund Vorderrock" und einen „Formbund Hinterrock" rechts auf rechts zusammenlegen und zum Ring schließen. Die vorderen und hinteren Bundteile entsprechend aufeinanderlegen und an der oberen Kante rechts auf rechts zusammennähen.

SWEATROCK MIT BREITEM BINDEBAND

6 Das Gummiband individuell abmessen und zum Ring zusammennähen. Das Gummiband und den Formbund vierteilen, markieren und die Markierungen entsprechend aufeinanderstecken. Das Gummiband auf die Nahtzugabe nähen. Beim Nähen nur das Gummiband dehnen und die Weite gleichmäßig einhalten.

7 Den Bund zur Hälfte so einschlagen, dass die rechten Seiten außen liegen, und rechts auf rechts an die obere Bundkante des Rockes stecken. Dabei werden der hintere Formbund an den Hinterrock und der vordere Formbund an den Vorderrock gesteckt und die Seitennähte von Taillenbund und Rock treffen zusammen. Den Bund mit den offenen Kanten bündig aufeinander annähen.

8 Den Rocksaum 2 cm nach innen einbügeln und absteppen.

STOFFTIPPS

Der Rock kann aus allen dehnbaren, weichen Materialien gefertigt werden.

Haben Sie keinen Double-Face-Stoff, einfach zwei verschiedene Stoffe nehmen oder alles aus einem Stoff zuschneiden.

VARIANTE

Ein ganz neuer Lock entsteht, wenn Sie die Schnittteile „Vorderrock" und „Hinterrock" in der Mitte auseinanderschneiden und im Stoffbruch zuschneiden. Auf diese Weise wird aus einem asymmetrischen ein symmetrischer Rock. Dann die „Taschenbeutel innen" und „Taschenbeutel außen" einmal in doppelter Stofflage zuschneiden und das Bindeband und den Stoffeinsatz weglassen. Den Rock wie oben beschrieben arbeiten.

JEANSROCK IN MAXILÄNGE

SCHWIERIGKEITSGRAD 2

GRÖSSE
34–46

MATERIAL
- Stoff 1: unelastisches Mischgewebe in Jeansblau, 200 cm x 140 cm (für alle Größen)
- Farblich passendes Nähgarn
- 8 Anorak-Druckknöpfe in Silber, ø 11 mm
- Rüschenband in Blau/Weiß, 1,5 cm breit, 200 cm

SCHNITTMUSTERBOGEN 1A + 2B

NAHTZUGABEN
1 cm Nahtzugabe ist an allen Schnittteilen enthalten und muss nicht mehr dazugegeben werden. Am Rocksaum ist keine Saumzugabe enthalten.

ZUSCHNITT

Stoff 1
- [1] Vorderrock in doppelter Stofflage 1x
- [2] Hinterrock im Stoffbruch 1x
- [3] Formbund Vorderrock in doppelter Stofflage 2x
- [4] Formbund Hinterrock im Stoffbruch 2x
- [5] Druckknopfleiste in doppelter Stofflage 1x

SCHNITTTEILE

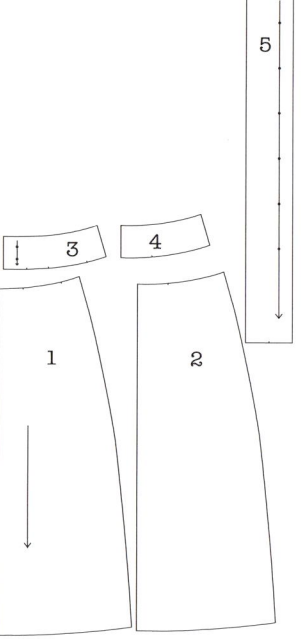

WIPPEND

ANLEITUNG

1 Zuerst die Druckknopfleisten an den Vorderrock nähen. Dazu die Streifen jeweils hälftig so einbügeln, dass die rechten Seiten außen liegen. Jeweils die Streifenteile an den Markierungen rechts auf rechts auf die Vorderrockteile legen. Dabei liegen alle offenen Kanten bündig aufeinander. Die Streifenteile annähen. Die Nahtzugabe nach innen bügeln und von außen auf der rechten Seite knappkantig absteppen.

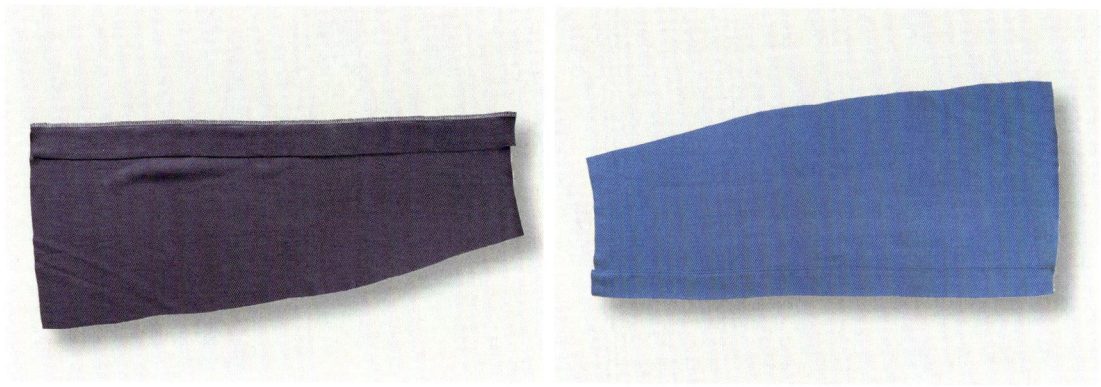

2 Beide Vorderrockteile an den Seitenkanten bündig rechts auf rechts auf den Hinterrock legen und zusammennähen. Die Seitennähte auseinanderbügeln.

3 Jeweils zwei vordere Formbundteile rechts auf rechts auf einen hinteren Formbund legen und die Seitennähte schließen.

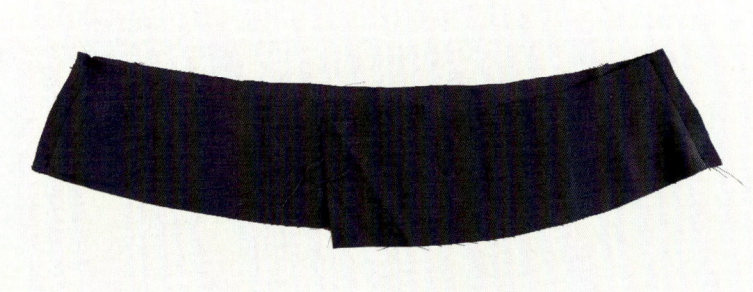

4 Die vorderen und hinteren Bundteile entsprechend aufeinanderlegen und die oberen und seitlichen Kanten rechts auf rechts zusammennähen. Die Nähte ausbügeln und den Bund so umschlagen, dass die rechten Seiten außen liegen. Eine der beiden offenen Formbundseiten 1 cm nach innen einbügeln.

5 Die ungebügelte Formbundseite rechts auf rechts an die obere Bundkante des Rockes stecken. Dabei werden der hintere Formbund an den Hinterrock und die vorderen Formbundteile so an die Vorderrockteile gesteckt, dass die vordere Seite des Bundes an der vorderen Kante der Vorderrockteile bündig mit den Druckknopfleisten abschließt. Die Seitennähte von Bund und Rock treffen zusammen. Den Bund rundherum mit 0,8 cm Nahtzugabe annähen.

6 Die eingebügelte Nahtzugabe nach innen einschlagen und den Bund feststecken. Den Bund von rechts knappkantig neben der Bundkante aufsteppen.

JEANSROCK IN MAXILÄNGE

7 Den Saum laut Grundanleitung (Seite 122) mit einem Rüschenband verarbeiten.

8 Die Druckknöpfe laut Herstellerangaben und Markierungen anbringen.

MEINE TIPPS

Den Formbund und die Druckknopfleisten bei dünneren Stoffen mit einer Vlieseinlage verstärken. Das gibt Form und Stabilität.

Das Rüschenband weglassen und stattdessen den Saum 2 cm länger zuschneiden, 2 cm nach innen einbügeln und absteppen.

Die Nähte mit einem kontrastfarbigen Garn absteppen.

Statt Druckknöpfen Knopflöcher einnähen und Knöpfe annähen.

STOFFTIPPS

Den Rock aus dehnbarem Material oder aus einem Materialmix arbeiten: beispielsweise Jerseystoff für die Rockteile und Baumwollstoff für den Formbund und die Druckknopfleisten wählen.

BASICROCK
ZUM REINSCHLÜPFEN

SCHWIERIGKEITSGRAD 1

GRÖSSE
34–46

MATERIAL
- Stoff 1: elastisches Mischgewebe in Schwarz/Grau mit Hahnentrittmuster, 88 cm x 140 cm (für alle Größen)
- Stoff 2: Stretchfutterstoff in Rot, 84 cm x 140 cm (für alle Größen)
- Farblich passendes Nähgarn
- Spitzenband in Schwarz, 1,5 cm breit, 35 cm (kann unelastisch sein)
- Gummiband für den Taillenbund, 0,5 cm breit, 80 cm (bis Gr. 38)/ 100 cm (ab Gr. 40)

SCHNITTMUSTERBOGEN 1B

NAHTZUGABEN
1 cm Nahtzugabe ist an allen Schnittteilen enthalten und muss nicht mehr dazugegeben werden. Am Rocksaum sind 2 cm Saumzugabe enthalten.

ZUSCHNITT
Stoff 1
[1] Vorderrock im Stoffbruch 1x
[2] Hinterrock im Stoffbruch 1x
[3] Formbund Vorderrock/Hinterrock im Stoffbruch 4x
[4] Taschenbeutel außen in doppelter Stofflage 1x

Stoff 2
[5] Vorderrock/Hinterrock Futter im Stoffbruch 2x
[6] Taschenbeutel innen in doppelter Stofflage 1x

SCHNITTTEILE

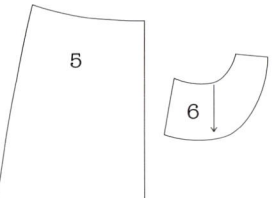
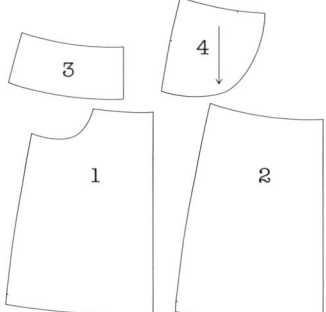

VIDEOS ZU FOLGENDEN ARBEITSSCHRITTEN:
- Formbund annähen
- Taschen einarbeiten
- Nahtfeinen Reißverschluss einarbeiten

ANLEITUNG

1 Zuerst die Taschen in den Vorderrock einarbeiten. Dazu die „Taschenbeutel innen" je rechts auf rechts bündig auf die dafür vorgesehene Taschenöffnung nähen. Nach innen einbügeln und das Spitzenband von rechts so nah wie möglich an der Stoffkante des Tascheneingriffs aufsteppen. Die „Taschenbeutel außen" darunterlegen, dabei liegen die Kanten oben und seitlich bündig aufeinander. Die Taschenbeutel rundherum schließen und am Bund und an den Seitennähten knappkantig feststeppen.

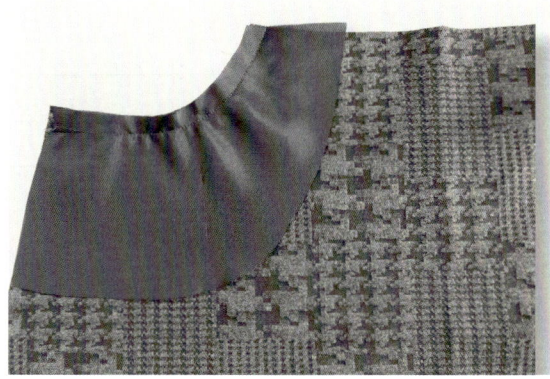

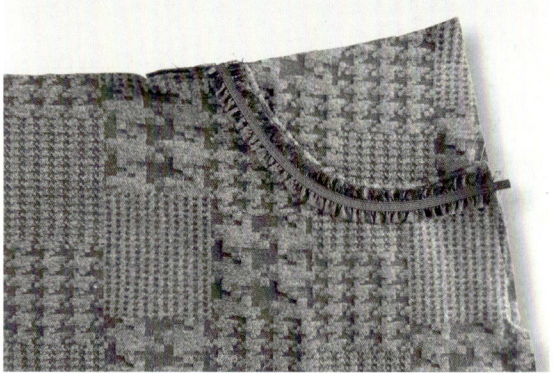

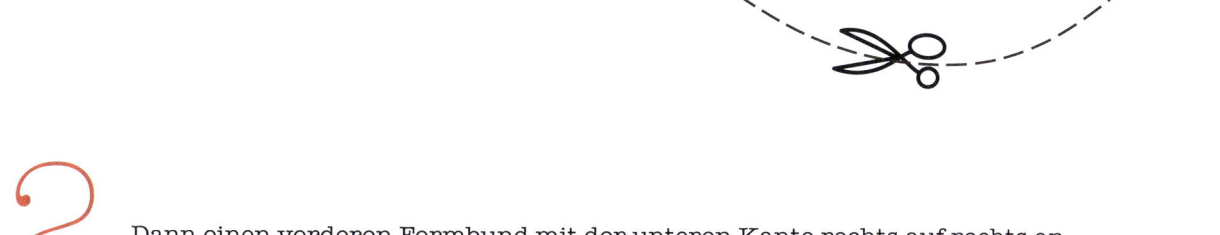

2 Dann einen vorderen Formbund mit der unteren Kante rechts auf rechts an die obere Bundkante des Vorderrocks und einen hinteren an die obere Bundkante des Hinterrocks stecken und annähen.

3 Vorder- und Hinterrockteil an den Seitenkanten bündig rechts auf rechts aufeinanderlegen und zusammennähen.

4 Die beiden restlichen Formbundteile wie in Schritt 2 beschrieben an die Innenröcke (Futter) nähen. „Vorderrock Futter" und „Hinterrock Futter" an den Seitenkanten bündig rechts auf rechts aufeinanderlegen und zusammennähen.

5 Anschließend Außen- und Innenrock an der oberen Bundkante rechts auf rechts zusammenstecken. Dabei werden jeweils der hintere und der vordere Formbund aufeinandergesteckt und die Seitennähte von Formbund und Rock treffen zusammen. Beide Rockteile sorgfältig zusammennähen.

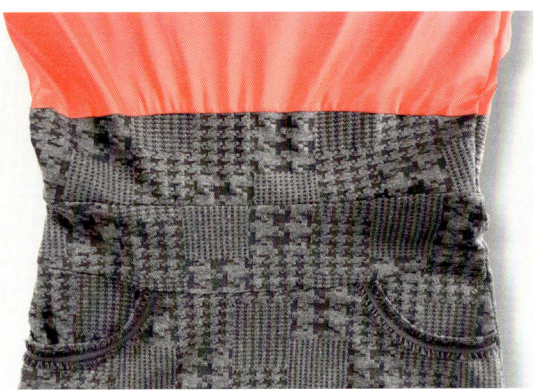

6 Das Gummiband individuell abmessen und zum Ring zusammennähen. Das Gummiband und den Taillenbund vierteilen, markieren und die Markierungen entsprechend aufeinanderstecken. Das Gummiband auf die Nahtzugabe nähen. Beim Nähen nur das Gummiband dehnen und die Weite gleichmäßig einhalten.

7 Den Saum des Außenrocks 2 cm einbügeln und absteppen. Den Saum des Innenrocks (Futters) zweimal 1 cm nach innen einbügeln und absteppen.

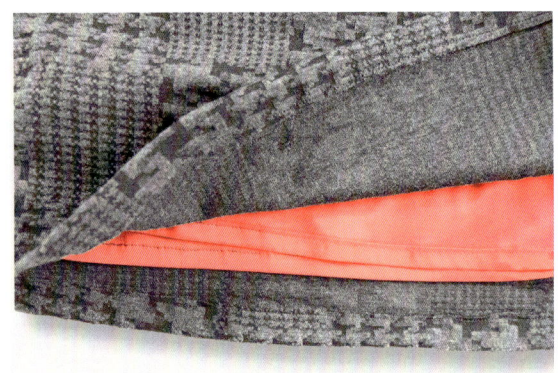

MEINE TIPPS

\# Für einen sportiveren Look den Rock mit einem bi-elastischen Denimstoff nähen und kontrastfarbig absteppen.

VARIANTE

Den Rock aus weniger elastischen Materialien wie z. B. Baumwollstretch oder einem festeren Wollstoff nähen und einen nahtverdeckten Reißverschluss laut Grundanleitung (Seite 122) in die linke Seite einarbeiten.

Alternativ die hinteren Mitten nicht im Stoffbruch, sondern mit Nahtzugabe zuschneiden und einen nahtverdeckten Reißverschluss in die hintere Mitte einarbeiten. In beiden Fällen eine dünne Vlieseinlage auf den Formbund bügeln.

Den Saum laut Grundanleitung (Seite 122) mit einem Rüschen- oder Spitzenband verarbeiten.

LEICHTER ROCK
MIT VIEL SCHWUNG

SCHWIERIGKEITSGRAD 2

GRÖSSE
34–46

MATERIAL
- Stoff 1: Viskosestoff in Schwarz/Weiß gemustert, 113 cm x 140 cm (für alle Größen)
- Stoff 2: Stretchfutterstoff in Weiß, 67 cm x 140 cm (für alle Größen)
- Vlieseinlage: Vlieseline H 180, 10 cm x 140 cm (für alle Größen)
- Farblich passendes Nähgarn
- Nahtverdeckter Reißverschluss in Schwarz, 20 cm

SCHNITTMUSTERBOGEN
1A

NAHTZUGABEN
1 cm Nahtzugabe ist an allen Schnittteilen enthalten und muss nicht mehr dazugegeben werden. Am Rocksaum sind 2 cm Saumzugabe enthalten.

ZUSCHNITT

Stoff 1
- [1] Vorderrock/Hinterrock Mitte im Stoffbruch 2x
- [2] Vorderrock/Hinterrock Seite unten in doppelter Stofflage 2x
- [3] Vorderrock/Hinterrock Seite oben in doppelter Stofflage 2x
- [4] Formbund Vorderrock/Hinterrock im Stoffbruch 2x

Stoff 2
- [5] Vorderrock/Hinterrock Futter im Stoffbruch 2x

Vlieseinlage
- [4] Formbund Vorderrock/Hinterrock im Stoffbruch 2x

SCHNITTTEILE

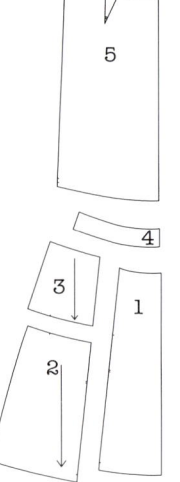

VIDEOS ZU FOLGENDEN ARBEITSSCHRITTEN:
- ▶ Abnäher
- ▶ Nahtfeinen Reißverschluss einarbeiten

ANLEITUNG

1 Zuerst die vier Seitenteile des Außenrocks zusammennähen. Dazu jeweils die „Seite unten" und „Seite oben" von Vorder- bzw. Hinterrock bündig aufeinanderlegen und rechts auf rechts zusammennähen. So ergeben sich vier Seitenteile, zwei davon gegengleich.

2 Danach die vorderen Seitenteile an den Seitenkanten bündig rechts auf rechts an das Mittelteil des Vorderrocks stecken und zusammennähen. Die hinteren Seitenteile genauso an das Mittelteil des Hinterrocks nähen.

3 Die Formbundteile je mit der Vlieseinlage verstärken.

4 Je einen Formbund mit der unteren Kante rechts auf rechts an die obere Bundkante des Vorder- bzw. Hinterrocks stecken und annähen.

5 Beide Rockteile an den Seitenkanten bündig rechts auf rechts aufeinanderlegen und zusammennähen. Den nahtverdeckten Reißverschluss laut Grundanleitung (Seite 122) einarbeiten.

6 Danach je zwei Abnäher in ein Innenrockteil (Futter) nähen. Die beiden Innenrockteile an den Seitenkanten bündig rechts auf rechts aufeinanderlegen und bis zum Knips für den Schlitz zusammennähen.

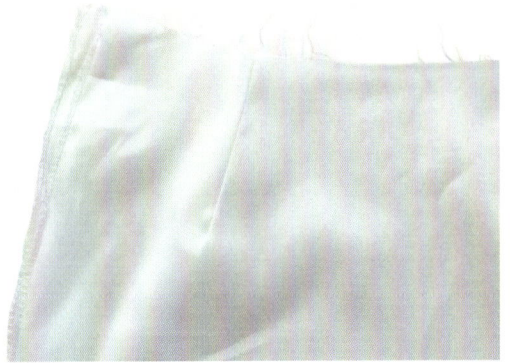

7 Die Nahtzugabe an beiden Seiten des Schlitzes 1 cm nach innen einbügeln und absteppen. Anschließend die Nahtzugabe am Saum zweimal um 1 cm einschlagen und absteppen.

LEICHTER ROCK MIT VIEL SCHWUNG

8 Den Innenrock laut Grundanleitung (Seite 123) an den Formbund nähen.

9 Den Innenrock in den Außenrock schieben, feststecken und von rechts im Nahtschatten des Formbundes rundherum absteppen.

10 Den Saum des Außenrocks 2 cm einbügeln und absteppen.

MEINE TIPPS

Ein feines Paspelband laut Grundanleitung (Seite 121) in die Seitennähte einarbeiten.

Der Rock kann auch ohne Futter gearbeitet werden. Dazu einfach statt des Futters einen weiteren Formbund zuschneiden und annähen. Danach die untere Kante des innenliegenden Formbundes mit einem Schrägband oder einem Versäuberungsstich versäubern. Anschließend die Nahtzugabe des äußeren Formbundes nach oben legen und die Nahtzugabe des innenliegenden Formbundes darüberlegen. Gut feststecken und von der rechten Stoffseite aus im Nahtschatten rundherum absteppen.

STOFFTIPPS

Auch aus winterlichen, dickeren Stoffen gearbeitet, sieht dieser Rock super aus.

LÄSSIGER ROCK
MIT EINGRIFFTASCHEN

SCHWIERIGKEITSGRAD 2

GRÖSSE
34–46

MATERIAL

- Stoff 1: dehnbarer Romanit-Stoff in Bunt mit Digitaldruck, 113 cm x 140 cm (für alle Größen)
- Stoff 2: dehnbarer Romanit-Stoff in Taupe, 30 cm x 140 cm (für alle Größen)
- Farblich passendes Nähgarn
- Gummiband für den Taillenbund, 3 cm breit, 80 cm (bis Gr. 38)/ 100 cm (ab Gr. 40)

SCHNITTMUSTERBOGEN 2B

NAHTZUGABEN

1 cm Nahtzugabe ist an allen Schnittteilen enthalten und muss nicht mehr dazugegeben werden. Am Rocksaum sind 2 cm Saumzugabe enthalten.

ZUSCHNITT

Stoff 1

[1] Vorderrock/Hinterrock Mitte im Stoffbruch 2x
[2] Vorderrock/Hinterrock Seite unten in doppelter Stofflage 2x
[3] Vorderrock/Hinterrock Seite oben in doppelter Stofflage 2x

Stoff 2

[4] Taschenbeutel in doppelter Stofflage 2x
[5] Taillenbund Vorderrock/Hinterrock im Stoffbruch 2x

SCHNITTTEILE

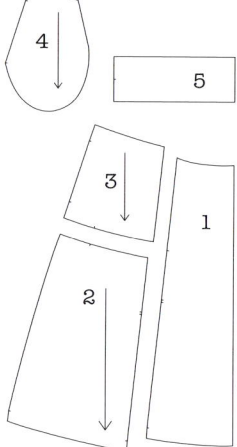

ANLEITUNG

1 Zuerst die vier Seitenteile des Außenrocks zusammennähen. Dazu jeweils die „Seite unten" und „Seite oben" von Vorder- bzw. Hinterrock bündig aufeinanderlegen und rechts auf rechts zusammennähen. So ergeben sich vier Seitenteile, zwei davon gegengleich.

2 Danach die vorderen Seitenteile an den Seitenkanten bündig rechts auf rechts an das Mittelteil des Vorderrocks stecken und zusammennähen. Die hinteren Seitenteile genauso an das Mittelteil des Hinterrocks nähen.

3 Je einen Taschenbeutel rechts auf rechts so auf die Seitenteile des Vorderrocks stecken, dass die oberen Kanten und die Seitenkanten jeweils bündig aufeinanderliegen. Die Taschenbeutel ab dem Knips bis zum unteren Ende auf den Rock nähen.

78 ◽ A-FORM

4. Den Vorder- und den Hinterrock an den Seitenkanten bündig rechts auf rechts aufeinanderlegen und zunächst die Seitennaht bis zur Tasche schließen. Dabei die Taschenbeutel zur Seite klappen und nicht mitfassen.

5. Dann beide Rockteile wieder rechts auf rechts aufeinanderlegen und die Taschenbeutel bündig aufeinanderstecken. Anschließend die äußere Seite der Taschenbeutel bis zum unteren Knips schließen. Der untere Knips entspricht dem Nahtanfang von Schritt 3. Von diesem Punkt die beiden Rockteile rechts auf rechts bis zum Rocksaum zusammennähen, die Nahtzugabe je in Richtung Taschenbeutel legen oder einschneiden.

6. Am Tascheneingriff die Nahtzugabe in Richtung Taschenbeutel legen und knappkantig von rechts auf dem Taschenbeutel absteppen. Dabei so nah wie möglich bis an den Anfang und das Ende des Tascheneingriffes nähen, um das „Herausrollen" des Taschenbeutels zu verhindern.

7 Die Nahtzugabe am oberen Ende des Taschenbeutels auseinanderklappen und beide Taschenbeutel in Richtung eines Rockteils legen. Die Nahtzugabe entsprechend einschlagen und an der Bundkante knappkantig absteppen.

8 Beide Taillenbundteile rechts auf rechts aufeinanderlegen und zum Ring zusammennähen. Den Bund hälftig so einschlagen, dass die rechten Stoffseiten außen liegen.

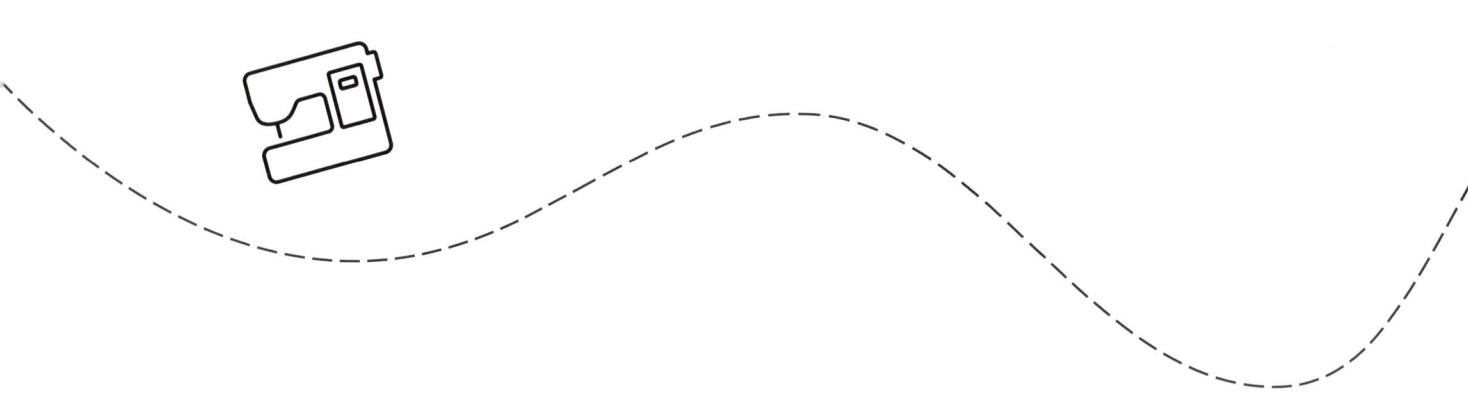

9 Den Bund rechts auf rechts an die obere Bundkante des Rockes stecken. Dabei treffen die Seitennähte aufeinander. Den Taillenbund mit den offenen Kanten bündig aufeinander annähen, dabei eine kleine Öffnung lassen. Das Gummiband individuell abmessen, mithilfe einer Sicherheitsnadel in den Bund einziehen und flach zusammennähen. Die Öffnung schließen.

10 Den Rocksaum 2 cm einbügeln und absteppen.

MEINE TIPPS

Den Rock ohne Taschenbeutel nähen und stattdessen ein Paspelband in die Seitennaht einarbeiten (siehe Grundanleitung Seite 121).

Den Rock mit Futter nähen. Dazu das Futter vom leichten Rock mit viel Schwung (Seite 70) nehmen und den Saum um 2 cm abschneiden.

STOFFTIPPS

Es können alle dehnbaren Stoffe verarbeitet werden – von sommerlichen bis winterlichen Stoffen. So lässt sich der Rock das ganze Jahr hindurch tragen.

SOMMERROCK
MIT PASPELDETAILS

SCHWIERIGKEITSGRAD 3

GRÖSSE
34–46

MATERIAL
- Stoff 1: unelastischer Baumwollstoff in Blau/Weiß mit Patchwork-Optik, 60 cm x 140 cm (für alle Größen)
- Stoff 2: unelastischer Baumwollstoff in Blau/Weiß mit kleinem Blumenmuster, 70 cm x 140 cm (für alle Größen)
- Stoff 3: unelastischer Baumwollstoff in Blau/Weiß mit großem Blumenmuster, 26 cm x 140 cm (für alle Größen)
- Vlieseinlage: Vlieseline H 180, 20 cm x 140 cm (für alle Größen)
- Farblich passendes Nähgarn
- Nahtverdeckter Reißverschluss in Weiß, 20 cm

SCHNITTMUSTERBOGEN 2A

NAHTZUGABEN
1 cm Nahtzugabe ist an allen Schnittteilen enthalten und muss nicht mehr dazugegeben werden. Am Rocksaum sind 2 cm Saumzugabe enthalten.

ZUSCHNITT

Stoff 1
- [1] Vorderrock in doppelter Stofflage 1x
- [2] Formbund Vorderrock im Stoffbruch 1x

Stoff 2
- [3] Hinterrock in doppelter Stofflage 1x
- [4] Formbund Hinterrock in doppelter Stofflage 1x

  1x Paspelstreifen, 2,75 cm breit, 55 cm für die vordere Mitte des Vorderrocks

  2x Paspelstreifen, 2,75 cm breit, 45 cm für die Einsätze Vorderrock

  2x Paspelstreifen, 2,75 cm breit, 60 cm für die Seitennähte

Stoff 3
- [5] Einsatz Vorderrock in doppelter Stofflage 1x
- [2] Formbund Vorderrock im Stoffbruch 1x
- [4] Formbund Hinterrock in doppelter Stofflage 1x

Vlieseinlage
- [2] Formbund Vorderrock im Stoffbruch 1x
- [4] Formbund Hinterrock in doppelter Stofflage 1x

SCHNITTTEILE

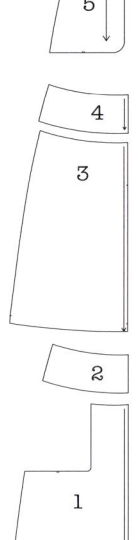

VIDEOS ZU FOLGENDEN ARBEITSSCHRITTEN:
- Paspelband einarbeiten
- Nahtfeinen Reißverschluss einarbeiten

ANLEITUNG

1 Zuerst den Paspelstreifen laut Grundanleitung (Seite 121) auf die vordere Mitte des Vorderrocks nähen. Beide Vorderrockteile rechts auf rechts bündig aufeinanderlegen und die vordere Mitte schließen. Der Paspelstreifen ist damit mittig in den Vorderrock eingearbeitet.

2 Danach je einen Paspelstreifen auf den Vorderrockeinsatz nähen und die Rockeinsätze rechts auf rechts in den Vorderrock einnähen.

3 Anschließend je ein Paspelband auf die Seitennähte eines Rockteiles nähen. Vorderrock und beide Hinterrockteile an den Seitenkanten bündig rechts auf rechts aufeinanderlegen und sorgfältig zusammennähen.

4 „Formbund Vorderrock" aus Stoff 1 und beide „Formbundteile Hinterrock" aus Stoff 2 rechts auf rechts bündig aufeinanderlegen und an den Seiten zusammennähen. Den Formbund rechts auf rechts an die obere Bundkante des Rockes stecken. Dabei werden die hinteren Formbundteile an den Hinterrock und der vordere Formbund an den Vorderrock gesteckt und die Seitennähte von Formbund und Rock treffen zusammen. Den Bund annähen.

5 Anschließend die beiden hinteren Rockteile bündig rechts auf rechts zusammenlegen und die hintere Mitte schließen. Dabei eine Öffnung für den Reißverschluss lassen.

6 Den nahtverdeckten Reißverschluss laut Grundanleitung (Seite 122) einarbeiten. Dabei darauf achten, dass die Quernähte auf einer Höhe verlaufen.

SOMMERROCK MIT PASPELDETAILS 85

7 Jeweils den „Formbund Vorderrock" und beide „Formbundteile Hinterrock" aus Stoff 3 mit Vlieseinlage verstärken, rechts auf rechts bündig aufeinanderlegen und an den Seiten zusammennähen. Den Formbund rechts auf rechts an die obere Formbundkante des Rockes stecken. Dabei werden jeweils der hintere und der vordere Formbund aufeinandergesteckt und die Seitennähte treffen zusammen. Den Bund annähen. Die Nahtzugabe unter den später nach innenliegenden Formbund legen und von rechts auf dem Bund knappkantig absteppen.

8 Die untere Seite des Formbundes an die Nahtzugabe nähen. Alternativ von außen durch den Nahtschatten absteppen, sodass der innenliegende Formbund fixiert wird.

9 Den Rocksaum 2 cm einbügeln und absteppen.

MEINE TIPPS

Da der Paspelstreifen keine „Paspel" hat, kann man ihn mit einem normalen Nähmaschinenfuß verarbeiten.

Das Paspelband lässt sich auch zwischen Bundkante und Formbund nähen.

Wer die Paspelstreifen nicht selbst zuschneiden möchte, kauft ein fertiges, 260 cm langes Paspelband.

VARIANTE

Die Schnittteile für den Hinterrock (Schnittteile 3 und 4) aus einem elastischen Stoff im Stoffbruch zuschneiden. Dann passt auch ein stabiles Paspelband.

MIDI-ROCK MIT APPLIKATION

SCHWIERIGKEITSGRAD 1

GRÖSSE
34–46

MATERIAL
- Stoff 1: dehnbare, beschichtete Sweatshirtware in Rosa, 141 cm x 140 cm (für alle Größen)
- Farblich passendes Nähgarn
- Gummiband für den Taillenbund, 0,5 cm breit, 80 cm (bis Gr. 38)/ 100 cm (ab Gr. 40)
- Fertige Applikation „Papagei"

SCHNITTMUSTERBOGEN 1B

NAHTZUGABEN
1 cm Nahtzugabe ist an allen Schnittteilen enthalten und muss nicht mehr dazugegeben werden. Am Rocksaum sind 2 cm Saumzugabe enthalten.

ZUSCHNITT

Stoff 1
- [1] Vorderrock/Hinterrock im Stoffbruch 2x
- [2] Formbund Vorderrock/Hinterrock im Stoffbruch 4x
- [3] Leiste in doppelter Stofflage 1x

SCHNITTTEILE

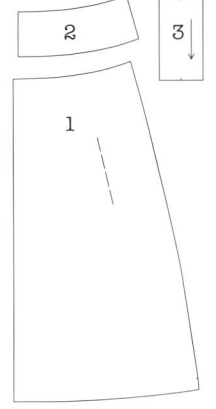

VIDEOS ZU FOLGENDEN ARBEITSSCHRITTEN:
- ▶ Formbund annähen
- ▶ Nahtfeinen Reißverschluss einarbeiten

ANLEITUNG

1. Zuerst die Fake-Leistentasche in den Vorderrock einarbeiten. Dazu die Leiste hälftig rechts auf rechts zusammenfalten. An den kurzen Seiten abnähen und die Nahtzugabe zurückschneiden. Die Leiste wenden und ausbügeln. Die Leistenposition vom Schnitt mit Trickmarker oder Kreidestift auf der rechten Seite des Vorderrockes einzeichnen. An dieser Linie wird die Leiste aufgenäht und anschließend nach oben geklappt. Optional eine Hilfslinie mit 1 cm Nahtzugabe an der offenen Seite der Leiste einzeichnen. Die Leiste auf das Vorderteil des Rockes stecken. Die Hilfslinie trifft auf die eingezeichnete Linie des Vorderrockes. Die Leiste nach oben klappen und an den kurzen Seiten mit der Maschine absteppen.

2 Den Vorder- und Hinterrock an den Seitenkanten bündig rechts auf rechts aufeinanderlegen und sorgfältig zusammennähen.

3 Jeweils einen „Formbund Vorderrock" und „Formbund Hinterrock" rechts auf rechts zusammenlegen und zum Ring schließen. Die vorderen und hinteren Bundteile entsprechend aufeinanderlegen und an der oberen Kante rechts auf rechts zusammennähen.

4 Das Gummiband individuell abmessen und zum Ring zusammennähen. Das Gummiband und den Taillenbund vierteilen, markieren und die Markierungen entsprechend aufeinanderstecken. Das Gummiband auf die Nahtzugabe nähen. Beim Nähen nur das Gummiband dehnen und die Weite gleichmäßig einhalten.

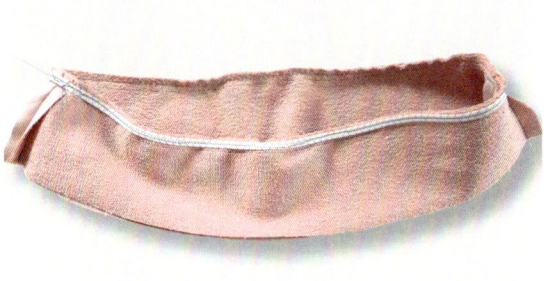

MIDI-ROCK MIT APPLIKATION

5 Den Formbund zur Hälfte so einschlagen, dass die rechten Seiten außen liegen, und rechts auf rechts an die obere Bundkante des Rockes stecken. Dabei treffen die Seitennähte von Formbund und Rock zusammen. Den Bund mit den offenen Kanten bündig aufeinander annähen. Die Nahtzugabe nach unten bügeln und mit einem Zierstich oder großen Zickzackstich absteppen.

6 Den Rocksaum 2 cm nach innen einbügeln und mit dem gleichen Stich wie in Schritt 5 absteppen.

7 Die Applikation mithilfe eines Bügeltuches auf den Rock aufbügeln und danach rundherum mit einem geraden Stich aufnähen.

MEINE TIPPS

Die Leiste von Hand annähen, dann ist keine Naht zu sehen.

Die Position der Applikation hängt vom Motiv ab und kann variabel gestaltet werden. Auch mehrere Motive sind möglich.

VARIANTE

Den Rock an der hinteren Mitte mit Nahtzugabe zuschneiden und aus einem unelastischen Baumwollstoff mit einem nahtfeinen Reißverschluss arbeiten.

Sehr hübsch ist es auch, ein Rüschenband an den Saum, die Tascheneingriffe und die obere und untere Formbundnaht zu nähen (siehe Grundanleitung Seite 122).

KURZER ROCK
MIT VIEL SCHWUNG

SCHWIERIGKEITSGRAD 1

GRÖSSE
34–46

MATERIAL
- Stoff 1: elastisches Mischgewebe in Anthrazit, 125 cm x 140 cm (für alle Größen)
- Farblich passendes Nähgarn
- Gummiband für den Taillenbund, 3 cm breit, 80 cm (bis Gr. 38)/ 100 cm (ab Gr. 40)

SCHNITTMUSTERBOGEN 1A

NAHTZUGABEN
1 cm Nahtzugabe ist an allen Schnittteilen enthalten und muss nicht mehr dazugegeben werden. Am Rocksaum sind 2 cm Saumzugabe enthalten.

ZUSCHNITT
Stoff 1
- [1] Vorderrock/Hinterrock im Stoffbruch 2x
- [2] Taillenbund im Stoffbruch 2x

SCHNITTTEILE

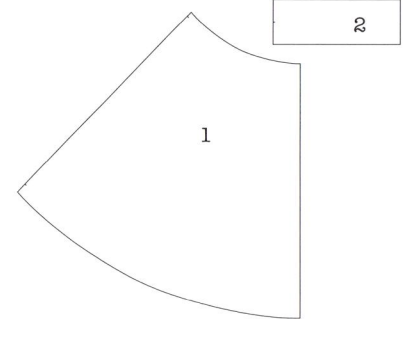

94 · **GLOCKIG**

ANLEITUNG

1 Zuerst den Vorder- und den Hinterrock an den Seitenkanten bündig rechts auf rechts aufeinanderlegen und zusammennähen.

2 Beide Taillenbundteile rechts auf rechts aufeinanderlegen und zum Ring zusammennähen. Den Bund hälftig so einschlagen, dass die rechten Stoffseiten außen liegen.

3 Den Bund rechts auf rechts an die obere Bundkante des Rockes stecken, dabei treffen die Seitennähte aufeinander. Den Taillenbund mit den offenen Kanten bündig aufeinander annähen, dabei eine kleine Öffnung lassen. Das Gummiband individuell abmessen, mithilfe einer Sicherheitsnadel in den Bund einziehen und flach zusammennähen. Die Öffnung schließen.

4 Den Saum 2 cm nach innen einschlagen und absteppen.

MEINE TIPPS

In den Bund laut Grundanleitung (Seite 120) Ösen und eine Kordel einarbeiten. Oder wie beim Glockenrock von Seite 98 Schlaufen und ein Band annähen.

Den Rocksaum mit einem Spitzenband verarbeiten (siehe Grundanleitung Seite 122).

STOFFTIPPS

Der Rock kann auch aus stabilen Materialien wie z. B. aus einem Tencel-Denim-Stoff genäht werden. Wichtig ist, dass sie weich und fließend fallen.

VARIANTE

Für den Außenrock Kunstleder mit Lochmuster und als Futter einen Viskosestoff verwenden. Beide Röcke vor dem Annähen des Bundes links auf links an der oberen Bundkante zusammennähen. Dann den Bund wie hier beschrieben annähen. Nur die Nahtzugabe vom Innenrock zweimal um 1 cm einschlagen und absteppen. Der Rock wird dann 2 cm länger als das Basismodell.

GLOCKENROCK
AUS ELASTIK-JACQUARD

SCHWIERIGKEITSGRAD 2

GRÖSSE
34–46

MATERIAL
- Stoff 1: elastischer Jacquard-Stoff in Koralle mit Zackenmuster, 59 cm x 140 cm (für alle Größen)
- Stoff 2: elastischer Jacquard-Stoff in Koralle mit Ornamenten, 66 cm x 140 cm (für alle Größen)
- Stoff 3: elastischer Futterstoff in Ecru, 110 cm x 140 cm (für alle Größen)
- Farblich passendes Nähgarn
- Kordelband in Weiß, ø 8 mm, 120 cm

SCHNITTMUSTERBOGEN 1A

NAHTZUGABEN
1 cm Nahtzugabe ist an allen Schnittteilen enthalten und muss nicht mehr dazugegeben werden. Am Rocksaum sind 2 cm Saumzugabe enthalten.

ZUSCHNITT
Stoff 1
[1] Vorderrock/Hinterrock Mitte in doppelter Stofflage 2x
Stoff 2
[2] Vorderrock/Hinterrock Seite im Stoffbruch 2x
[3] Taillenbund im Stoffbruch 2x
[4] Streifen 1x
Stoff 3
[5] Vorderrock/Hinterrock Futter im Stoffbruch 2x

SCHNITTTEILE

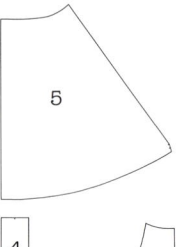
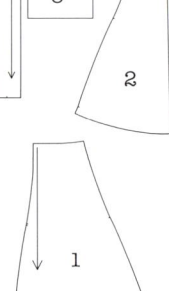

ANLEITUNG

1 Zuerst jeweils die beiden passenden Vorder- und Hinterrockteile an der vorderen und hinteren Mitte bündig rechts auf rechts aufeinanderlegen und zusammennähen. Dabei treffen die Knipse aufeinander.

2 Danach beide seitlichen Rockteile jeweils rechts auf rechts an den Seitenkanten bündig auf die mittleren Rockteile legen und zusammennähen. Die Mitte der seitlichen Teile an der oberen Bundkante markieren.

3   Beide Taillenbundteile rechts auf rechts aufeinanderlegen und zum Ring zusammennähen. Den Bund hälftig so einschlagen, dass die rechten Stoffseiten außen liegen.

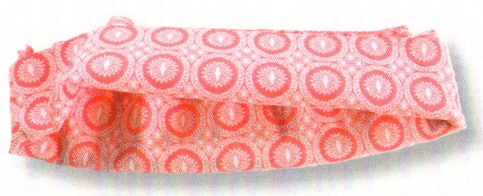

4   Den Streifen für die Schlaufen an den langen Seiten je 1 cm nach innen einbügeln und knappkantig links und rechts absteppen. Den Streifen in sechs ca. 6 cm lange Stücke schneiden. Diese Streifen je links auf links zu Schlaufen falten, mit den offenen Kanten bündig auf die obere Rockkante legen und knappkantig aufsteppen. Dabei die Schlaufen so anordnen, dass sie jeweils mittig auf den seitlichen und jeweils mittig auf den beiden mittleren Vorder- und Hinterrockteilen liegen.

5   Den Bund rechts auf rechts an die obere Bundkante des Rockes stecken, dabei treffen die Seitennähte auf die Mitte der seitlichen Rockteile. Die Schlaufe liegt mittig dazwischen. Den Taillenbund mit den offenen Kanten bündig aufeinander annähen.

GLOCKENROCK AUS ELASTIK-JACQUARD   101

6 Die beiden Innenrockteile (Futter) an den Seitenkanten bündig rechts auf rechts aufeinanderlegen und zusammennähen. Den Innenrock rechts auf rechts auf die Nahtzugabe des Außenrocks stecken, dazu den Taillenbund nach unten schlagen. Dabei treffen die beiden oberen Bundkanten der Röcke aufeinander und der Bund liegt mittig dazwischen. Den Innenrock in der zuvor genähten Naht des Taillenbundes rechts auf rechts annähen.

7 Den Saum des Außenrocks 2 cm einbügeln und absteppen. Den Saum des Innenrocks (Futters) zweimal 1 cm nach innen einbügeln und absteppen.

8 Die Kordel mithilfe einer Sicherheitsnadel durch die Schlaufen ziehen und vorne zu einer Schleife binden. Die Kordelenden verknoten.

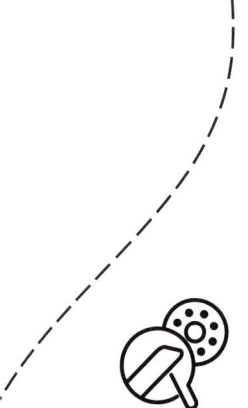

MEINE TIPPS

Für einen sportlichen Look laut Grundanleitung (Seite 120) Ösen und eine Kordel in den Bund einarbeiten.

Sitzt der Rock an der Taille nicht eng genug, ein Gummiband einziehen (siehe Grundanleitung Seite 120).

VARIANTE

Den Rock aus einem dehnbaren Jacquard-Stoff in Altrosa nähen und die Schlaufen und Kordel weglassen. Das Futter kann auch weggelassen werden.

HOSENROCK
MIT SEITENSTREIFEN

SCHWIERIGKEITSGRAD 2

GRÖSSE
34–46

MATERIAL
- Stoff 1: elastischer Baumwollstoff in Altrosa, 224 cm x 140 cm (für alle Größen)
- Vlieseinlage: Vlieseline H 180, 20 cm x 140 cm (für alle Größen)
- Farblich passendes Nähgarn
- Satinband in Altrosa, 3 cm breit, 300 cm (für alle Größen)
- Nahtverdeckter Reißverschluss in Weiß, 20 cm

SCHNITTMUSTERBOGEN
1B + 2A

NAHTZUGABEN
1 cm Nahtzugabe ist an allen Schnittteilen enthalten und muss nicht mehr dazugegeben werden. Am Hosenrocksaum sind 2 cm Saumzugabe enthalten.

ZUSCHNITT

Stoff 1
- [1] Vorderhose in doppelter Stofflage 1x
- [2] Hinterhose in doppelter Stofflage 1x
- [3] Vorderhose Beleg im Stoffbruch 1x
- [4] Hinterhose Beleg in doppelter Stofflage 1x
- [5] Tasche Hinterhose in doppelter Stofflage 1x

Vlieseinlage
- [3] Vorderhose Beleg im Stoffbruch 1x
- [4] Hinterhose Beleg in doppelter Stofflage 1x

SCHNITTTEILE

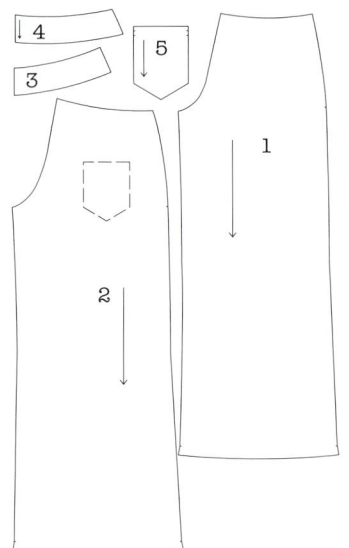

VIDEOS ZU FOLGENDEN ARBEITSSCHRITTEN:
- Nahtfeinen Reißverschluss einarbeiten
- Fake-Reißverschluss einarbeiten

ANLEITUNG

1 Zuerst die Schrittnähte der Vorder- und der Hinterhose schließen. Dazu jeweils die Vorderhosen- und Hinterhosenteile an der Schrittnaht bündig rechts auf rechts aufeinanderlegen und zusammennähen. In der hinteren Mitte eine Öffnung für den nahtverdeckten Reißverschluss lassen und diesen laut Grundanleitung (Seite 122) einarbeiten.

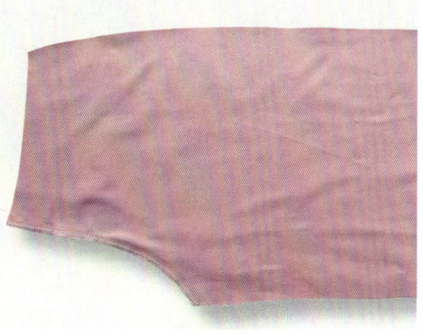
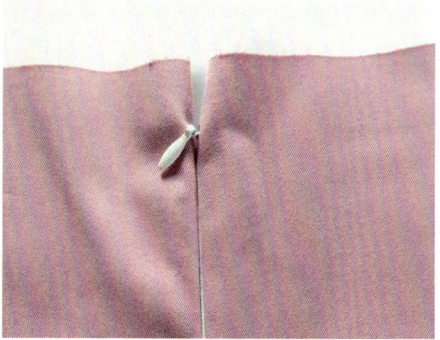

2 Die Taschen auf die Hinterhose aufnähen. Dazu jeweils den Tascheneingriff um 2 cm und die Seiten um 1 cm nach innen einbügeln. Satinband mittig aufstecken und an beiden Seiten knappkantig aufsteppen. Danach den Tascheneingriff absteppen. Das untere Bandende so einbügeln, dass es bündig abschließt. Beide Taschen auf die rechte Seite der Hinterhose stecken und aufnähen.

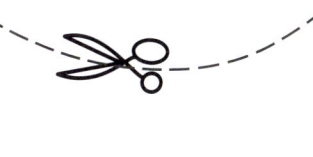

3 Dann die Vorderhose rechts auf rechts auf die Hinterhose legen und die äußeren Seitennähte schließen. Den Hosenrock wenden und die Nahtzugaben auseinanderbügeln. Jeweils Satinband von rechts mittig auf die Seitennaht des Hosenrocks stecken und an beiden Seiten knappkantig auf die rechte Stoffseite aufnähen.

4 Den Hosenrock wieder rechts auf rechts legen und die inneren Seitennähte schließen. Den Hosenrock wenden.

5 Die Belege jeweils mit den passenden Vlieseinlagen verstärken und rechts auf rechts aufeinandernähen. Dann laut Grundanleitung (Seite 123) auf den Hosenrock nähen.

6 Die Nahtzugabe unter den Beleg legen und von der rechten Seite aus knappkantig absteppen. Den Beleg nach innen einbügeln und an den Nahtzugaben festnähen.

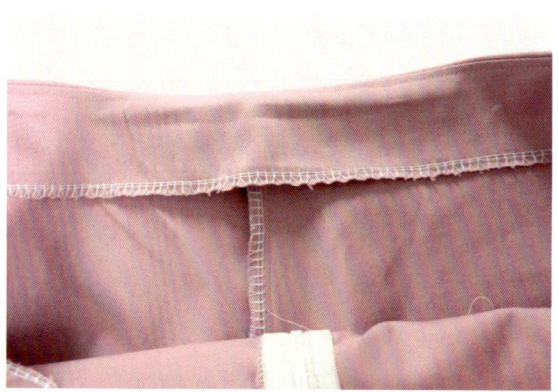

7 Den Saum 2 cm nach innen einschlagen und absteppen.

MEINE TIPPS

Sitzt der Hosenrock etwas weit, nach Belieben ein schmales Gummiband vor dem Absteppen des Beleges auf die Nahtzugabe nähen.

Das Satinband an der Seite kann auch weggelassen werden. Dann entfällt der Reißverschluss in der Seitennaht ebenfalls.

STOFFTIPPS

Für diesen Hosenrock eignen sich alle fließenden, weich fallenden Stoffe nach Ihrer Wahl.

VARIANTE

Den Rock aus elastischem Jacquard-Gewebe arbeiten. Dann fällt der Reißverschluss weg und die Belege werden nicht verstärkt.

HOSENROCK
MIT ÖSEN UND KORDEL

GRÖSSE
34–46

MATERIAL
- Stoff 1: elastischer Modal-Jersey in Mint, 146 cm x 140 cm (für alle Größen)
- Stoff 2: Bündchenware in Mint, 10 cm x 75 cm (für alle Größen)
- Farblich passendes Nähgarn
- 2 Ösen in Silber, ø 11 mm
- Kordelband in Mint/Blau gemustert, ø 8 mm, 100 cm
- Gummiband für den Taillenbund, 3 cm breit, 80 cm (bis Gr. 38)/ 100 cm (ab Gr. 40)

SCHNITTMUSTERBOGEN
1B

NAHTZUGABEN
1 cm Nahtzugabe ist an allen Schnittteilen enthalten und muss nicht mehr dazugegeben werden. Am Hosenrocksaum sind 2 cm Saumzugabe enthalten.

ZUSCHNITT
Stoff 1
[1] Vorderhose in doppelter Stofflage 1x
[2] Hinterhose in doppelter Stofflage 1x
[5] Taschenbeutel in doppelter Stofflage 2x (nach Belieben, siehe Tipps Seite 115)

Stoff 2
[3] Taillenbund vorne im Stoffbruch 1x
[4] Taillenbund hinten im Stoffbruch 1x

SCHNITTTEILE

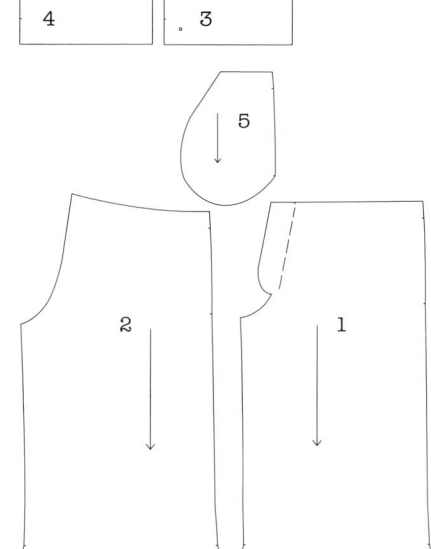

VIDEOS ZU FOLGENDEN ARBEITSSCHRITTEN:
- ▶ Nahtfeinen Reißverschluss einarbeiten
- ▶ Fake-Reißverschluss einarbeiten

ANLEITUNG

1 Zuerst die Schrittnähte der Vorder- und der Hinterhose schließen. Dazu jeweils die Vorderhosen- und Hinterhosenteile an der Schrittnaht bündig rechts auf rechts aufeinanderlegen und zusammennähen.

2 Den angeschnittenen Beleg der Vorderhose am Zwick einbügeln, sodass der Beleg nach rechts zeigt. Es entsteht ein Über- und Untertritt. Nun auf dem Übertritt den Verlauf einer Reißverschluss-Optik aufsteppen.

3 Im Anschluss die Vorderhose rechts auf rechts auf die Hinterhose legen und die äußeren und die inneren Seitennähte schließen. Die Hose wenden.

4 Anschließend beide Taillenbundteile rechts auf rechts zusammennähen, zur Hälfte einbügeln und danach die Ösen an den markierten Stellen laut Grundanleitung (Seite 120) einarbeiten. Ein kurzes Stück Kordel einziehen und die Kordelenden verknoten.

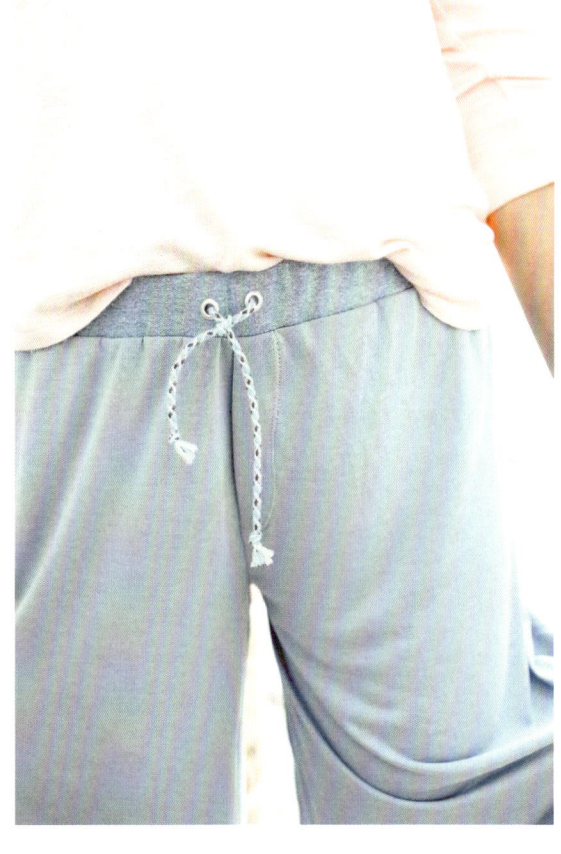

5 Den Bund wieder zur Hälfte einschlagen, sodass die rechte Seite außen liegt, und rechts auf rechts an die obere Bundkante des Hosenrocks stecken. Die Ösen liegen dabei rechts auf rechts in der vorderen Mitte der Vorderhose. Den Bund mit den offenen Kanten bündig annähen, dabei eine kleine Öffnung lassen. Das Gummiband individuell abmessen, mithilfe einer Sicherheitsnadel in den Bund einziehen und flach zusammennähen. Die Öffnung schließen.

6 Den Saum 2 cm nach innen einschlagen und absteppen.

MEINE TIPPS

Für eine 7/8-Länge den Beinverlauf einfach entsprechend verlängern.

Sehr dekorativ ist es auch, wie beim Hosenrock auf Seite 104 einen Streifen auf die Seitennaht oder Taschen auf die Hinterhose aufzunähen.

Oder Gürtelschlaufen wie beim Jeansrock auf Seite 20 anfertigen und aufnähen.

STOFFTIPPS

Für diesen Hosenrock können alle leichten, weich fallenden Stoffe verwendet werden.

VARIANTE

Fortgeschrittene können den Hosenrock aus einem leichten Tencel-Stoff mit Taschen nähen. Die Taschen werden wie beim Rock auf Seite 76 verarbeitet. Für den Bund einen gestreiften Bündchenstoff verwenden.

Der richtige Stoff

Die Röcke aus diesem Buch können aus den vielfältigsten Materialien genäht werden: aus dehnbaren Jersey- oder Jacquard-Stoffen oder aus unelastischen Baumwollstoffen. Je nach Modell muss eben ein Reißverschluss eingearbeitet werden. Bei ausgestellten oder schwingenden Modellen kommt es darauf an, dass die Stoffe weich fallen und eine tolle Silhouette schaffen. Gerade geschnittene Röcke dagegen können auch aus steiferen oder festeren Stoffen genäht werden. Daher ist es wichtig, die Stoffangaben im Buch zu beachten und einen ähnlichen Stoff zu verwenden. Bei Unsicherheiten empfiehlt es sich, sich im Fachhandel beraten zu lassen.

STOFFARTEN

Dehnbare Materialien werden im Allgemeinen als Jersey bezeichnet. Der Begriff sagt jedoch nichts über die Zusammensetzung des Materials aus, denn es gibt z. B. Baumwoll-Jersey, Viskose-Jersey oder auch Woll-Jersey.

Jersey wird gestrickt oder gewirkt und besitzt auf der rechten und linken Seite ein unterschiedliches Warenbild, da ganz einfach rechts/links gestrickt oder gewirkt wird. Bei gewebten Stoffen spricht man vom Fadenlauf, bei gestrickten Stoffen wird auch häufig der Begriff Maschenlauf verwendet.

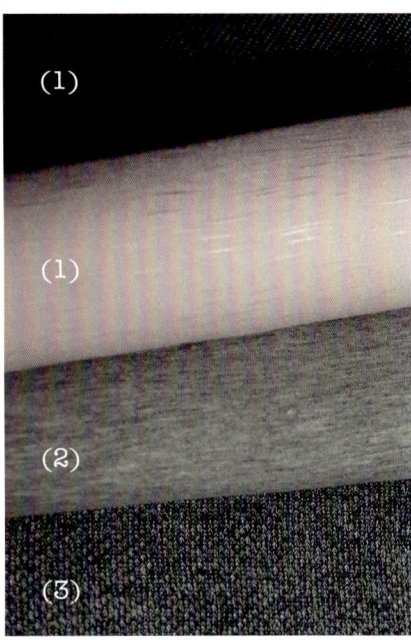

Single-Jersey: Der typische Single-Jersey ist der Baumwoll-Jersey (2) mit einem Elasthananteil von 3 bis 8 Prozent. Je höher der Elasthananteil, desto elastischer ist der Jersey. Das Elasthan gewährleistet die Sprungkraft des Stoffes. Das heißt, der Jersey zieht sich immer wieder in Form zurück und beult nicht aus. Er ist also formstabil. Zudem ist die Ware weich, anschmiegsam und bietet einen hohen Tragekomfort. Single-Jersey wird sehr häufig für Kinder- und Erwachsenenbekleidung eingesetzt.

Viskose-Jersey (1) wird wie der Baumwoll-Jersey hergestellt, aber eben mit Viskose- statt mit Baumwollfasern. Viskosefasern sind dünner, glänzender und glatter als Baumwollfasern. Viskose-Jersey ist deshalb auch etwas schwerer zu verarbeiten als Baumwoll-Jersey, da die Ware glatt ist und leicht „wegrutschen" kann. Der Vorteil von Viskose-Jersey ist aber sein fließender Fall.

Double-Jersey: Hier spricht man oft von einem 2-Fadensystem, da noch ein Faden mitgestrickt wird. Diese Qualität ist meist etwas schwerer und fester als der normale Single-Jersey. Romanit- oder Punta-di-Roma-Gewirke sind die im Handel bekannten festeren, dickeren Gewirke. Im Unterschied zum normalen Single-Jersey sieht das Warenbild hier auf beiden Seiten gleich aus. Denn es wird rechts/rechts bzw. links/links gestrickt.

French Terry (3) Auch dieses Material wird in einem 2-Fadensystem hergestellt. Die rechte Seite sieht gestrickt aus, die linke Seite weist jedoch eine typische Schlingenstruktur auf. Die Schlingen entstehen, wenn der Stoff gewirkt und nicht gestrickt wird. Werden sie aufgeschnitten und mechanisch angeraut, entsteht eine wärmende, kuschelige Innenseite. French-Terry-Qualitäten werden im Allgemeinen als Sweatshirtstoffe bezeichnet und heute vor allem für die Fertigung von Jogginghosen, Sweatshirts und Freizeitmode verwendet.

Sweatshirtstoff ist zwar keine offizielle Stoffbezeichnung, sie wird allerdings sehr häufig benutzt, da sie allgemein bekannter und gängiger ist als die korrekte Bezeichnung „French-Terry-Stoffe".

Jacquard Dank dieser Technik können komplizierte Musterungen in das Gewebe eingestrickt werden. Die Ware weist eine gewisse Festigkeit, Formstabilität und Elastizität aus. Je nach Herstellungsart kann die linke Warenseite auch als rechte Warenseite verwendet werden.

Für ein positives Nähergebnis ist die Stoffqualität im Zusammenspiel mit dem Stoffgewicht entscheidend. Das Stoffgewicht wird pro m² Stoff angegeben. Bei einem Gewicht von 200 Gramm pro m² heißt das, dass ein 1 Meter breites und 1 Meter langes Stoffstück 200 Gramm wiegt. Damit kann man gut abschätzen, ob es sich um einen leichteren oder schwereren Stoff handelt. Das Gewicht sagt allerdings nichts über den Fall oder die Dehnbarkeit des Stoffes aus.

PFLEGE

Eine häufig gestellte Frage ist, ob man Stoffe vor der Verarbeitung waschen sollte. Um ganz sicher zu gehen, dass es keine unschönen Überraschungen gibt, sollte man Stoffe am besten bei 30 Grad vorwaschen. Das garantiert, dass der Stoff später nicht mehr einläuft.

Tipp: Für das Vorwaschen von Meterware empfiehlt es sich, die Webkanten zusammenzuheften und den Stoff auf links zu drehen.

VIDEOS ZU FOLGENDEN THEMEN:
- Stoffe und Mischgewebe
- Nützliche Helfer – alles für den Nähanfänger
- Paspelband
- Nahtfeinen Reißverschluss einarbeiten

Pflegehinweise fürs Waschen

Wenn die Stoffe verarbeitet sind, sollte man Folgendes beachten:

- Die genähten, d. h. konfektionierten Teile vor dem Waschen auf links drehen.

- Nicht zusammen mit schweren Teilen wie z. B. mit Jeanshosen waschen, da sie hochwertige Drucke „abschleifen" können.

- Nur Feinwasch- oder Colorwaschmittel verwenden.

- Die Waschtrommel nicht zu stark befüllen. Lieber einen Waschgang mehr mit nur einer zu Dreiviertel gefüllten Trommel machen.

- Den Schleudergang so niedrig wie möglich einstellen, und die Teile nicht „trocken" schleudern. Ein zu starkes Schleudern schadet den Stoffen.

- Den Trockner vermeiden, da Hitze den Stoffen schadet – gerade bei Stoffen mit Drucken oder Elasthananteil.

- Achtung beim Bügeln! Auch hier gilt: je niedriger die Temperatur, desto besser. Stoffe mit Elasthananteil maximal auf Stufe 2 bügeln.

Vor dem Nähen

SCHNITTMUSTER

Für alle Schnittmuster in diesem Buch gilt: Zuerst alle benötigten Schnittteile vom Vorlagenbogen abpausen und die Knipse/Zwicke übertragen. Wenn möglich die Schnittteile immer beschriften. Die Nahtzugabe ist bei den Schnitten im Buch enthalten. Besonders gut geht das Abpausen der Schnitte mit einer speziellen Folie, die im Handel erhältlich ist. Aber natürlich kann man auch Seidenpapier zum Abpausen verwenden.

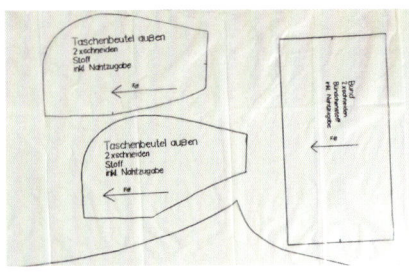

ZUSCHNITT

Den Stoff entweder links auf links oder rechts auf rechts aufeinanderlegen, sodass er in doppelter Stofflage liegt, und den Schnitt aufstecken. Den Schnitt entlang der Kanten mit einem Markierstift oder Trickmarker auf den Stoff übertragen und an den Linien ausschneiden. Damit ist gewährleistet, dass zwei Teile spiegelverkehrt zugeschnitten werden. Bei Schnittteilen, die im Stoffbruch zugeschnitten werden, den Stoff rechts auf rechts falten und entlang der Stoffkante den Bruch anlegen.

Fadenlauf

Der Fadenlauf läuft parallel zur Web- bzw. Stoffkante. Bei gemusterten Stoffen ist es wichtig, alle Teile in einer Richtung zuzuschneiden. Sonst steht das Muster auf dem Kopf. Bei unifarbenen Stoffen spielt das keine große Rolle. Generell werden alle Schnittteile in diesem Buch immer längs im Fadenlauf angelegt.

Zwicke oder Knipse

Diese sind im Schnitt durch kleine Striche gekennzeichnet und dienen als Markierungspunkte. Der Stoff wird an diesen Punkten an der Stoffkante 2 cm eingeknipst bzw. eingezwickt. Diese eingezwickten Markierungspunkte treffen beim Nähen aufeinander und gewährleisten, dass die richtigen Nahtkanten zusammengenäht werden. Aber auch eine im Schnitt enthaltene Nahtzugabe wie z. B. am Saum wird durch einen Zwick im Schnittbild dargestellt.

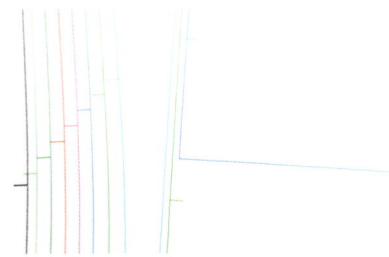

Tipp: Eine kreative Variationsmöglichkeit ist es, den Fadenlauf quer oder schräg einzulegen. Das kann bei gemusterten oder gestreiften Stoffen sinnvoll sein. Beachte nur, dass der Stoff auch quer eingelegt elastisch ist. Sonst kann es zu Passformproblemen kommen.

NÜTZLICHE HELFER

Eine gute Schere in klein und groß, ein Nahttrenner, ein Maßband, Stecknadeln, Sicherheitsnadeln und ein Kreidestift oder Trickmarker sind die optimale Erstausstattung.
Für Anfänger empfiehlt sich auch doppelseitiges Klebeband zum Aufkleben von Taschen, damit sich nichts verziehen kann.

Langfristig sind außerdem eine Schneidematte, ein Lineal und ein Cutter empfehlenswert. Diese Hilfsmittel erleichtern den Zuschnitt ungemein. Zum Beschweren kann man schwere Eisenscheiben aus dem Baumarkt nehmen und mit Stoffresten überziehen. Diese Beschwerer legt man auf den Papierschnitt auf und erspart sich so das Aufstecken auf den Stoff.

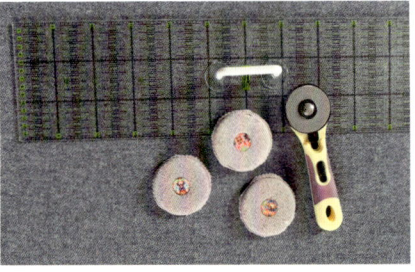

Ein gutes Bügeleisen ist ebenfalls entscheidend für den Näherfolg. Denn gut gebügelt, ist halb genäht, egal, ob man schmale Paspeltaschen oder eine Tasche mit einer Bügelschablone einbügeln möchte.

Elastische Stoffe nähen

Generell gilt für alle Arten von Jersey: Die Stoffkanten fransen weder, noch ribbeln sie auf. Sie müssen also nicht versäubert werden. Ausnahmen bilden – je nach Herstellungsart – Stoffe mit typischer Schlingenstruktur oder gewebte Stoffe. Dann die Stoffkanten mit einem Zickzackstich oder mit der Overlockmaschine versäubern.

Es empfiehlt sich, dehnbare Stoffe immer mit einem elastischen Stich zu verarbeiten, sodass die Naht elastisch bleibt. Ist der Rock allerdings weit und leger geschnitten und kommt keine Spannung auf die Naht, können elastische Stoffe auch mit einem Geradstich verarbeitet werden. Am besten die Naht bzw. das Stichbild vorab immer an einem kleinen Stoffstück testen.

Eine tolle und günstige Alternative ist auch der Einsatz einer Zwillingsnadel. Es gibt sie in zwei verschiedenen Breiten, einmal mit 2,5 cm und einmal mit 4 cm Breite. Damit können Nähte parallel abgesteppt werden, und der Stich ist auch noch elastisch. Von vorne sieht es aus wie doppelt abgesteppt von hinten wie ein Zickzackstich.

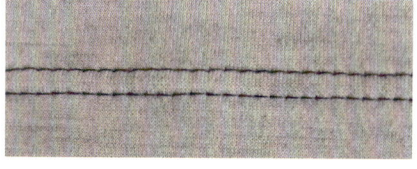

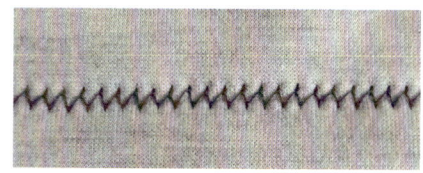

Elastische Materialien immer gut feststecken, sodass die Stoffteile sich wenig verziehen können. Und die Nadeln immer quer

UNSCHÖNE NÄHTE VERMEIDEN

- Die Nähte vor dem Nähen gut feststecken und starkes Ziehen oder Schieben vermeiden.

- Die Nadel trägt wesentlich zum Nähergebnis bei. Je feiner der Stoff, desto feiner sollten das Garn und die Nadel sein. Das gilt nicht nur für die Nähnadel, sondern auch für die Stecknadeln. Daher eine Jerseynadel einsetzen, die Stärke sollte bei maximal 80 liegen. Eine Jerseynadel besitzt eine speziell abgerundete Spitze und vermeidet so eine Verletzung des Gewebes.

- Den Druck vom Nähmaschinenfuß oder der Fadenspannung prüfen und nachstellen. Sind diese nicht richtig eingestellt, kann es zu welligen und verzogenen Nähten kommen. Dehnbare Stoffe lieber mit einem reduzierten Nähfußdruck nähen.

- Die richtige Stichbreite und Länge einstellen. Eine kurze und nicht zu enge Stichlänge wählen. Denn ein zu breit eingestellter Stich kann zu Lücken in der Naht führen und ein zu eng eingestellter Stich vermindert die Elastizität.

- Hochwertiges Garn verwenden, billiges Garn kann sehr schnell reißen.

- Drückt die Nadel den Stoff in das Loch der Stichplatte hinein, spricht man vom „Stofffressen". Das lässt sich vermeiden, indem man den Unter- und Oberfaden beim Nähen nach hinten zieht und das Gewebe sauber führt. Alternativ das Gewebe mit der Stoffkante so weit unter den Nähmaschinenfuß legen, dass die Naht ca. 1 cm ab der Stoffkante beginnt. Die Naht nähen, dann mit einem Rückwärtsstich bis knapp zur Stoffkante zurücknähen. Anschließend wieder nach vorne nähen.

zur Stoffkante stecken. Verwendet man feine Nadeln, kann man mit der Nähmaschine darübernähen. Dickere Nadeln lieber zuvor aus dem Stoff ziehen. Alternativ den Stoff mit Klammern fixieren.

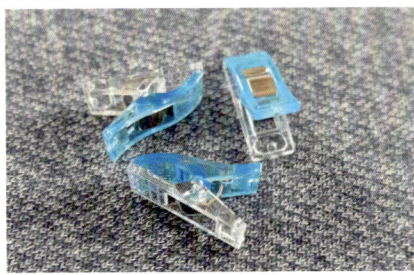

Für das Absteppen mit einem dickeren Jeansgarn (wie beim Jeansrock auf Seite 20) eine Nadel mit einer entsprechend dicken Öffnung verwenden. Dabei das Jeansgarn nur als Oberfaden einfädeln. Der Unterfaden (Spule) sollte feineres Garn sein.

BUND NÄHEN
Taillenbund mit Gummizug
Beide Taillenbundteile rechts auf rechts aufeinanderlegen und zum Ring zusammennähen. Hier kann man jeweils einen geraden Stich verwenden.

Anschließend den Taillenbund hälftig so umklappen oder einbügeln, dass die rechten Seiten außen liegen, und an einer Seite ein Bruch entsteht.

Danach den Taillenbund an den Rock nähen. Alle offenen Kanten liegen bündig aufeinander. Den Taillenbund mit einem elastischen Stich rechts auf rechts an den Rock nähen und am Hinterrock oder an der Seitennaht eine 3 cm lange Öffnung lassen.

Das Gummiband individuell abmessen, ca. 2 cm hinzugeben und zuschneiden. Das Gummiband auf beiden Enden einer Seite mit einem Stift markieren. Das hilft, um beim Durchziehen und Zusammennähen zu prüfen, ob sich das Gummiband verdreht hat. Das Gummiband sollte etwas Spiel haben, also 0,5 cm bis 1 cm schmaler sein als die fertige Bundbreite. Das Gummiband mithilfe einer Sicherheitsnadel durch den Tunnel ziehen, jeweils 1 cm überlappen lassen und dann mit einem elastischen Stich flach zusammennähen.

Die Öffnung schließen.

Taillenbund mit Ösen
Durch Ösen und entsprechende Bänder, die durch die Ösen hindurchgezogen werden, bekommen Röcke gleich einen neuen Look. Im Handel gibt es viele verschiedene Größen und Farben von Ösen und Bändern. Dadurch lassen sie sich auf unzählige Weise ungeheuer kreativ kombinieren.

Zuerst den Bund rechts auf rechts zum Ring zusammennähen, hälftig einbügeln und wieder öffnen. Die Ösen werden nur auf einer Bundhälfte angebracht. Von den unteren Bundkanten die enthaltene Nahtzugabe von 1 cm abziehen und die Mitte einer Bundhälfte ermitteln. Die Ösen können mittig oder etwas nach oben gesetzt angebracht werden.

Dabei immer beachten, dass der Bund später noch an der Bügellinie umgeschlagen wird.

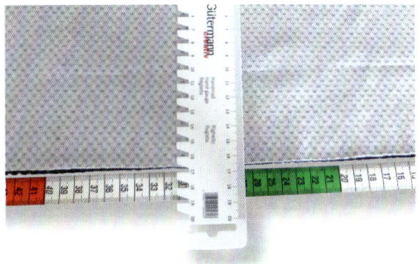

Die Ösenposition auf der linken Stoffseite mit einem Vlies verstärken. Dazu eignen sich perfekt kleine im Handel erhältliche Punkte, auch Wonder Dots genannt. Diese Punkte auf die linke Stoffseite des Bundes bügeln. Die Ösen darauflegen und mit einem Stift die Größe/Öffnung der Öse einzeichnen.

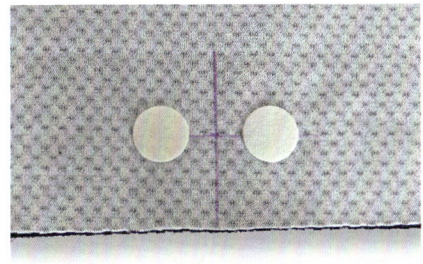

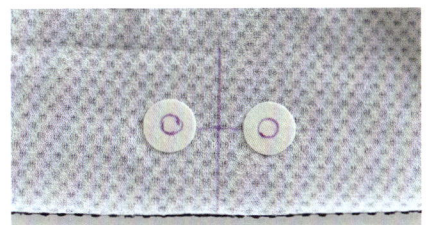

Danach die Löcher mithilfe des Stanzwerkzeuges in den Stoff einstanzen. Besser ist es aber, den Stoff nur etwas einzuzwicken. Denn je größer das Loch, desto schneller reißen die Nieten später aus. Die hohen Nieten von rechts hindurchstecken und mithilfe des Werkzeuges das flache Gegenstück auf der linken Seite anbringen. Mit dem Hammer auf einer festen Unterlage (am besten eine Holzplatte auf den Boden legen) im 90-Grad-Winkel festklopfen. Am besten vorher immer eine Niete an einem Reststück testen bzw einschlagen.

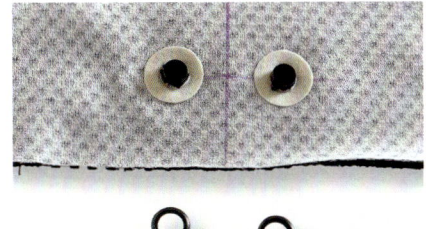

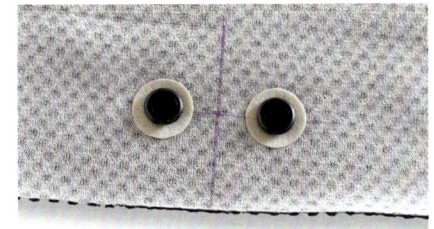

Anschließend mithilfe einer kleinen Sicherheitsnadel eine Kordel durch die Ösen fädeln. Die Sicherheitsnadel muss dabei so klein sein, dass sie durch die Ösen passt.

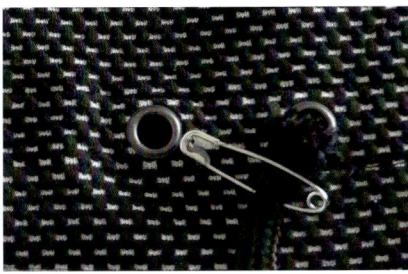

Danach den Bund hälftig einschlagen und rechts auf rechts auf den Rock nähen. Die Kordelenden verknoten.

PASPELN EINNÄHEN

Ob Ton-in-Ton oder in Kontrastfarben, mit Paspelbändern lassen sich tolle Akzente setzen. Es gibt sie fertig zu kaufen oder man kann sie auch selbst herstellen. Dazu einfach 2,75 cm breite Stoffstreifen zuschneiden und hälftig einbügeln, sodass die rechten Seiten außen liegen. Wenn das Band dann mit 1 cm Nahtzugabe aufgenäht wird, bleiben 0,3 cm stehen.

Das Paspelband am besten mit einem Reißverschlussfuß rechts auf rechts aufnähen. Dazu die Nadelposition nach links stellen, sodass man mit dem Nähfuß sehr schön am Rand der Paspel entlangnähen kann. Danach das Paspelband hochklappen und nach innen umlegen – so ist die Stoffkante z. B. von diesem Tascheneingriff schön versäubert.

Anschließend das Gegenstück des Schnittteils rechts auf rechts aufnähen. Hier ist es der Taschenbeutel innen. Das Nähgut am besten so in die Maschine einlegen, dass die gerade genähte Naht sichtbar oben liegt. Nun exakt auf dieser Naht entlang noch einmal abnähen. Damit wird das Paspelband sauber eingefasst. Anschließend noch den unteren Taschenbeutel annähen und der Tascheneingriff ist fertig.

Natürlich lässt sich ein Paspelband auch an einen Bund oder an einer aufgesetzten Tasche annähen.

RÜSCHEN UND BÄNDER EINNÄHEN

Auch mit Rüschen- oder Spitzenbändern bekommen Röcke eine ganz individuelle Note. Besonders hübsch sehen sie an Rocksäumen aus. Dazu das Band mit der unteren Seite nach oben in Richtung Bund rechts auf rechts an die Stoffkante legen und aufnähen.

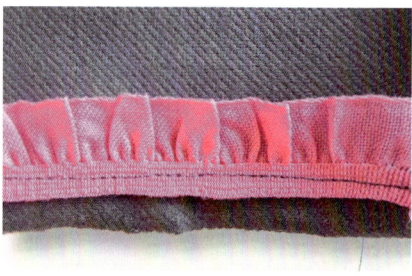

Das Band nach unten und die Nahtzugabe nach oben bügeln. Die Nahtzugabe knappkantig absteppen.

Die beiden Rockteile rechts auf rechts zusammenlegen und die Naht schließen.

NAHTVERDECKTER REISSVERSCHLUSS

Es gibt viele unterschiedliche Arten von Reißverschlüssen im Handel und die Verarbeitungsvarianten sind ebenso vielfältig. Für dieses Buch verwenden wir ausschließlich nahtverdeckte Reißverschlüsse.

Zuerst den Reißverschlussfuß in die Nähmaschine einsetzen. Den Fuß und die Nadel nach links stellen. Beide Seitenkanten des Rocks, in die der Reißverschluss eingenäht werden soll, einzeln versäubern, bündig aufeinanderlegen und zusammennähen. Dabei eine Öffnung lassen, die etwas kürzer sein sollte als der Reißverschluss.

Den Reißverschluss öffnen und rechts auf rechts auf die Nahtzugabe stecken oder mit doppelseitigem Klebeband fixieren. Den Reißverschluss von der Bundkante nach unten einarbeiten. Dazu mit den Fingern die Reißverschlusszähnchen nach links legen und den Reißverschluss so knapp wie möglich am Reißverschlussrand aufnähen. Achtung! Nicht über den Reißverschluss nähen, sonst lässt er sich später nicht mehr öffnen. 2–3 mm oberhalb der Naht stoppen.

Hier wurde der Reißverschluss knappkantig fixiert. Deshalb ist der Reißverschluss an dieser Stelle noch sichtbar.

Mit Beleg und/oder Futter

In diesem Nähbeispiel besteht der Innenrock aus einem Beleg und Futter. Die Vorgehensweise nur mit Beleg (ohne Futter) ist die gleiche. Den Innenrock rechts auf rechts in den Außenrock stecken und den Beleg an die obere Bundkante des Rockes stecken. Dabei treffen die Seitennähte von Innen- und Außenrock aufeinander. Den Reißverschluss „aufklappen", sodass die Reißverschlusszähnchen nach außen zeigen. Dann den Beleg und ein Stück Futter auf die Nahtzugabe des Rocks nähen. Der Beleg ist damit an der Naht versäubert und der Reißverschluss sauber zwischengefasst.

Reißverschlussfuß und Nadel nach rechts stellen. Den Reißverschluss wieder öffnen. Den Schieber durch die kleine Öffnung nach innen ziehen. Dann auch diese Seite des Reißverschlusses wie oben beschrieben einnähen. Auch hier von der Bundkante aus starten. Anschließend den Schieber durch die kleine Öffnung nach außen ziehen und den Reißverschluss schließen. Die Nähte sauber ausbügeln.

Den Reißverschluss schließen und die andere Seitenkante des Rockes von links an den Reißverschluss stecken, mit doppelseitigem Klebeband fixieren oder knappkantig feststeppen. So kann sich der Stoff oder Quernähte nicht mehr verschieben. Für Anfänger empfehlenswert!

Den Rock wenden und beide Rockteile links auf links ineinanderstülpen. Den Reißverschluss bis ca. 8 cm zum oberen

Nahtende schließen. Den Beleg des Innenrocks nach außen schlagen und rechts auf rechts an die obere Bundkante des Außenrocks nähen. Dazu den Reißverschluss so hinlegen, dass die Reißverschlusszähne zur Mitte hin zeigen. Dadurch wird der Beleg automatisch einmal um die Reißverschlusszähnchen herumgelegt. Den Beleg rechts auf rechts an die obere Bundkante nähen. Jetzt prüfen, ob beide Belegteile gleich breit abgenäht sind und der Reißverschluss sauber auf einer Höhe schließt. Dann die Nahtzugabe zurückschneiden, den Innenrock in den Außenrock stecken und die Bundkante sauber ausbügeln.

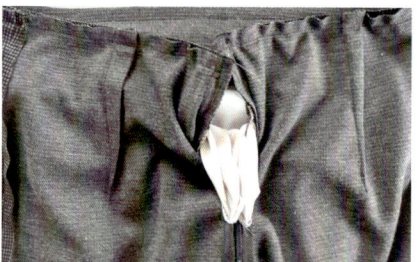

Passform und Größenauswahl

Richtig Maß zu nehmen ist für die Größenauswahl entscheidend. Bei engeren Röcken ist die Hüftweite maßgeblich, bei glockig geschnittenen Röcken die Taillenweite.
Den Modellen im Buch liegen folgende Körper-Maße (in cm) zugrunde:

Konfektionsgröße	34	36	38	40	42	44	46
Hüftweite (cm)	91-94	95-98	99-102	103-106	107-110	111-115	116-120
Körperhöhe (cm)	167	168	169	170	171	172	173

AUSMESSEN

Wer beim Ausmessen unsicher ist oder zwischen zwei Größen steckt, kann den Rock in beiden Größen nähen. Anders sieht das bei unelastischen Stoffen aus. Hier lieber eine Nummer größer wählen.
Die Körperhöhe spielt beim Zuschnitt ebenfalls eine große Rolle. Ist man beispielsweise sehr groß und schmal, könnte man etwa die Größe 34 von der Weite mit der Länge von Größe 40 zuschneiden. Auch hier gilt: Im Zweifelsfall lieber eine Größe länger wählen, denn Abschneiden geht am Ende schnell und einfach.

STOFFVERBRAUCH

In den Anleitungen finden sich Richtwerte für die benötigte Stoffmenge für alle Größen bei einer Stoffbreite von 1,40 Meter. Bei einem angegebenen Stoffverbrauch von 120 cm x 140 cm muss das Stoffstück 120 cm lang und 140 cm breit sein. Je nach Konfektionsgröße bzw. nach benötigter Länge kann es zu einer Stoffersparnis führen, da die Rockteile z.B. schmaler sind und sie dadurch stoffsparender auf den Stoff aufgelegt werden können.

Beispiel: Steht in der Beschreibung „Stoff 1: Baumwollstretch in Schwarz-Weiß, 120 cm x 140 cm", dann wird ein 120 cm langes Stoffstück benötigt. Die Breite des Stoffes sollte 140 cm betragen.

Bei Stoff 2 handelt es sich um Bündchenstoff. Diese liegen meistens nur 35 cm im Schlauch. also aufgeschnitten 70 cm breit. Daher steht in der Angabe zu Stoff 2: „Bündchenstoff, 50 cm x 70 cm". Das heißt, es wird ein 50 cm langes Stoffstück aus Bündchenware benötigt, mit einer Breite von 70 cm (bzw. 35 cm Breite, wenn sie im Schlauch liegt).

GRÖSSEN AUF DEN SCHNITTMUSTERBÖGEN

Die verschiedenen Größen sind auf den Schnittmusterbogen mit den folgenden Konturlinien gekennzeichnet:

— —— — —— — — Größe 34
——————————— Größe 36
- - - - - - - - - - - - - Größe 38
— - — - — - — - — Größe 40
- - - - - - - - - - - - - Größe 42
—— —— —— —— Größe 44
——————————— Größe 46

Buchempfehlungen für Sie

TOPP 6488
ISBN 978-3-7724-6488-1

TOPP 8135
ISBN 978-3-7724-8135-2

TOPP 6994
ISBN 978-3-7724-6994-7

TOPP 8103
ISBN 978-3-7724-8103-1

TOPP 8131
ISBN 978-3-7724-8131-4

TOPP 8123
ISBN 978-3-7724-8123-9

TOPP 6976
ISBN 978-3-7724-6976-3

TOPP 8114
ISBN 978-3-7724-8114-7

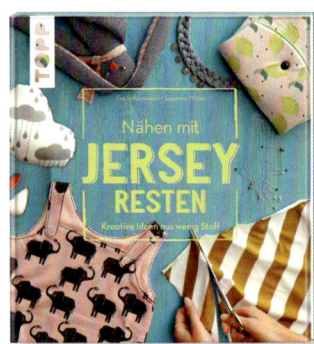

TOPP 8126
ISBN 978-3-7724-8126-0

TOPP 8121
ISBN 978-3-7724-8121-5

TOPP 6478
ISBN 978-3-7724-6478-2

TOPP 8125
ISBN 978-3-7724-8125-3

Kreativ-Bücher finden Sie auf www.TOPP-kreativ.de

Weitere Ideen zum Selbermachen gesucht?

Lieblingsstücke von einfach bis einfach genial finden Sie bei TOPP! Lassen Sie sich auf unserer Verlagswebsite, per Newsletter oder in den sozialen Netzwerken von unserer Vielfalt inspirieren!

Website
Verlockend: Welcher Kreativratgeber soll es für Sie sein? Schauen Sie doch auf **www.TOPP-kreativ.de** vorbei & stöbern Sie durch die neusten Hits der Saison!

TOPP-Autoren
Sie wollen wissen, wer die „Macher" unserer Bücher sind? Wer Ihnen nützliche Tipps & Tricks gibt? Auf **www.TOPP-kreativ.de/Autor** warten jede Menge spannender Infos zum jeweiligen Autor auf Sie. Finden Sie heraus, welches Gesicht hinter Ihrem Lieblingsbuch steckt!

Facebook
Werden Sie Teil unserer Community & erhalten Sie brandaktuelle Informationen rund ums Handarbeiten auf **www.Facebook.com/Mitstrickzentrale**
Wer sich für Basteln, Bauen, Verzieren & Dekorieren interessiert, ist auf **www.Facebook.com/Bastelzentrale** genau richtig!

Pinterest
Sie sind auf der Jagd nach den neusten Trends? Sie suchen die besten Kniffe? Die schönsten DIY-Ideen? All das & noch vieles mehr gibt es von TOPP auf **www.Pinterest.com/Frechverlag**

Newsletter
Bunt, fröhlich & überraschend: Das ist der TOPP-Newsletter! Melden Sie sich unter: **www. TOPP-kreativ.de/Newsletter** an & wir halten Sie regelmäßig mit Tipps & Inspirationen über Ihr Lieblingshobby auf dem Laufenden!

Extras zum Download in der Digitalen Bibliothek
Viele unserer Bücher enthalten digitale Extras: Tutorial-Videos, Vorlagen zum Downloaden, Printables & vieles mehr. Dieses Buch auch? Dann schauen Sie im Impressum des Buches nach. Sofern ein Freischaltcode dort abgebildet ist, geben Sie diesen unter **www.TOPP-kreativ.de/DigiBib** ein. Nach erfolgreicher Registrierung erhalten Sie Zugang zur digitalen Bibliothek & können sofort loslegen.

YouTube
Sie wollen eine ganz neue Technik ausprobieren? Sie arbeiten an einem spannenden Projekt, aber wissen nicht weiter? Unsere Tutorials, Werbetrailer, Interviews & Making Of's auf **www.YouTube.com/Frechverlag** helfen Ihnen garantiert dabei, den passenden Ratgeber von TOPP zu finden.

Instagram
Sie sind auf Instagram unterwegs? Super, TOPP auch. Folgen Sie uns! Sie finden uns auf **www.Instagram.com/Frechverlag**
Möchten Sie uns an Ihrem Lieblingsprojekt teilhaben lassen? Am besten posten Sie gleich ein Foto mit dem Hashtag **#frechverlag** & wir stellen Ihr Werk gerne unserer Community vor – yeah!

Alles in einer Hand gibt's hier:

Kreativ-Bücher finden Sie auf www.TOPP-kreativ.de

Autorenvita

Ilka Meis lebt mit ihren beiden Kindern und Mann in Borken. Als gelernte bekleidungstechnische Assistentin, Industrieschneiderin und Betriebswirtin arbeitete sie jahrelang in der Bekleidungsindustrie im Vertrieb und Marketing. Nach der Geburt ihrer Tochter gründete sie das Label Zierstoff. Ihr Credo lautet: „Jeder kann Nähen lernen".

Ilka Meis: „Mithilfe unserer zahlreichen Nähtutorials, die auf youtube unter „mein Zierstoff" zu finden sind, haben sich schon viele Anfängerinnen selbst das Nähen beigebracht. Das macht uns natürlich sehr stolz und glücklich. Wir legen großen Wert darauf, dass die Schnitte einfach zu nähen sind und eine gute Passform haben."

Nach und nach erweiterte sich das Team um Ela, gelernte Damenschneiderin und Schnittdirektrice. Silvia ist die gute Seele im Team und stieß dazu, als die ersten Stoffe verkauft wurden. Die gelernte Grafikerin Britta ist das jüngste Teammitglied und für den Social-Media-Bereich verantwortlich. Alle im Team sind nähverrückt und verbringen sehr viel Zeit mit dem Testnähen der Schnitte und dem Erstellen der E-Books. Dadurch ist gewährleistet, dass alle Schnitte von unterschiedlichen Personen genäht und bewertet wurden, bevor sie zum Verkauf auf www.zierstoff.de angeboten werden.

Ihre Nähtutorials haben es inzwischen sogar auf die homepage von VOX „Geschickt eingefädelt" geschafft.

Schauen Sie doch einmal bei uns im Shop vorbei, wir bieten Ihnen eine große Auswahl passender Stoffe für die Modelle an. https://zierstoff.com/de/stoffe/damenstoffe.

Ein herzliches Dankeschön an das ganze Team und an meinen Mann, ohne deren Unterstützung dieses Buch nicht möglich gewesen wäre. Ferner bedanke ich mich beim frechverlag für die tolle Zusammenarbeit bei diesem Zierstoff-Buch.

Der Code zum Freischalten der Videos lautet: 17482

PRODUKTMANAGEMENT: Claudia Mack

LEKTORAT: no:vum, Susanne Noll, Hennef

FOTOS: frechverlag GmbH, Turbinenstraße 7, 70499 Stuttgart; Ilka Meis (S. 128); lichtpunkt, Michael Ruder, Stuttgart (alle übrigen)

SCHNITTE/GRAFIKEN: Zierstoff, Ela Nollenberg

LAYOUT: Petra Theilfarth

DRUCK UND BINDUNG: Neografia, Slowakei

Materialangaben und Arbeitshinweise in diesem Buch wurden von den Autorinnen und den Mitarbeitern des Verlags sorgfältig geprüft. Eine Garantie wird jedoch nicht übernommen. Autorinnen und Verlag können für eventuell auftretende Fehler oder Schäden nicht haftbar gemacht werden. Das Werk und die darin gezeigten Modelle sind urheberrechtlich geschützt. Die Vervielfältigung und Verbreitung ist, außer für private, nicht kommerzielle Zwecke, untersagt und wird zivil- und strafrechtlich verfolgt. Dies gilt insbesondere für eine Verbreitung des Werkes durch Fotokopien, Film, Funk und Fernsehen, elektronische Medien und Internet sowie für eine gewerbliche Nutzung der gezeigten Modelle. Bei Verwendung im Unterricht und in Kursen ist auf dieses Buch hinzuweisen.

1. Auflage 2018

© 2018 frechverlag GmbH, Turbinenstraße 7, 70499 Stuttgart

ISBN 978-3-7724-8124-6 • Best.-Nr. 8124

Hilfestellung zu allen Fragen, die Materialien und Kreativbücher betreffen: Frau Erika Noll berät Sie. Rufen Sie an: 05052/911858*
*normale Telefongebühren